Peter Bankmann

Beim *Schälgen Thee* im Ruhrtal

Dingerkus - bürgerliche Kultur im Werden der Goethezeit

Mit Beiträgen von
Sabine Moseler-Worm
und Heike Jütting

Hummelshain Verlag

Impressum

© 2013 Hummelshain Verlag, Essen
Herstellung: Books on Demand GmbH, Norderstedt

ISBN: 978-3-943322-02-06

Text: Peter Bankmann, Sabine Moseler-Worm, Heike Jütting
Gestaltung: Juliane Richter

Titelbild: Johann L. Bleuler, Saarn um 1800, Landschaftsverband Westfalen, Westfälisches Landesmuseum für Industriekultur, Dortmund
Portrait: Dingerkus, Stadtarchiv Essen

Bibliographische Information der Deutschen Bibliothek: Die Deutsche Bibliothek verzeichnet diese Publikation in der Deutschen Nationalbibliographie; detaillierte Daten sind im Internet über **www.d-nb.de** abrufbar.

Der Nachdruck, auch auszugsweise, sowie die Verbreitung durch Film, Funk, Fernsehen und Internet, durch fotomechanische Wiedergabe, Tonträger und Datenverarbeitungssysteme ist ausdrücklich nur nach vorheriger schriftlicher Genehmigung durch den Hummelshain Verlag gestattet.

www.hummelshain.eu

Inhaltsverzeichnis

Vorwort	5
Die Anfänge der Familie Dingerkus in Werden	7
Politische und wirtschaftliche Situation im Ruhrtal	15
Das Gartenhaus und Gartengestaltung im 18. Jahrhundert	75
Der Dingerkus-Garten - Eine nicht ganz fiktive Geschichte	86

FUNDGRUBE

- Dicke Bohnen und Guter Heinrich - Vom Garten auf den Tisch	89
- Ausflugsziele - Auf Dingerkus' Spuren ins Ruhrtal	109
- Stippvisiten - Historische Gartenhäuser in Deutschland	123
- „...laßen Sie sich an nichts Mangelen" - Dingerkus in Briefen und Dokumenten	137

ANHANG

- Literaturverzeichnis	162
- Bildnachweis	163
- Bezugsquellen für historisches Saatgut	163
- Fußnoten	164
- Der Freundeskreis	166
- Die Autoren	167

Was bedeutet beim Schälgen Thee?

Johann Everhard Dingerkus schreibt 1753 an seine Verlobte:

„*...so bitte mir des morgens frühe nach dem gewöhnlichen Kirchengang doch dann und wann die Ehre zu geben und unter 4 Augen in meinem Luerberg bei einem schälgen thee oder caffee eine kleine liebes conference zu halten ich versicher, daß hierbei nicht das mindeste malhonettes zu befürchten sein wird.*"

Der Briefauszug verweist auf die im 18. Jahrhundert übliche Tee-Zeremonie. Den Tee goss man aus der Teetasse (dem Koppchen oder Näpflein) zum Abkühlen in eine Trinkschale – das Schälgen – und trank daraus. Zucker und Milch kamen je nach Geschmack hinzu. Die Teekannen waren aus Metall oder aus Porzellan.

~~~~~~

Caffe-Schälgen oder Näpffken

Sennd (sind) dünne und klare von Porcellain verfertigte runde und unter zugespitzte kleine Näpflein mit ihren dazu gehörigen Schälgen, woraus das Frauenzimmer den Caffe zu trincken pfleget.

Nutzbares, galantes und curiöses Frauenzimmer-Lexicon,
Leipzig Gledisch 1773, Corvinus, Gottlieb Siegmund
Quelle: Herzog August Bibliothek Wolfenbüttel; http://digilib.hab.de/inkunabeln/14-astron/start.htm

Vorwort
Peter Marx

Es gibt sie: diese besonderen Orte, an denen wir aus unserer gewohnten Alltagswirklichkeit heraustreten. Die etwas haben, das zunächst schwer zu greifen ist: eine Atmosphäre, einen Zauber. Dieser *genius loci* setzt sich nicht allein aus der Lage, der Grundstücksgröße und anderen messbaren Faktoren zusammen, sondern beinhaltet vielmehr die Atmosphäre und Aura eines Ortes. Im genius loci verschmelzen unser Wissen, unsere Erinnerung, Wahrnehmung und Deutung.

Wer durch die Gartenpforte des Dingerkus-Hauses tritt, spürt, dass dies solch ein Ort ist. Ein recht kleines, zweigeschossiges klassizistisches Türmchen zwar nur, im Eck eines Gartens von rasch überschauten Maßen. Und doch ein Ensemble, das über die kleine paradiesische Verwunschenheit hinausweist und den Besucher zu einer Zeitreise einlädt.

Dieses Buch will genau dies sein: eine Reise in die Entstehungszeit des Gartenhauses Dingerkus vor über 200 Jahren. Wer waren seine Erbauer, wozu diente das Häuschen, wie sah wohl der Garten aus? Und wie war das Leben damals in Werden in diesen Zeiten des Umbruchs, vom Leben „unter dem Krummstab" der Abtei über die Napoleonjahre bis zur Eingliederung ins aufstrebende Preußen? Anrührende Briefe und persönliche Dokumente der Familie Dingerkus lassen uns das Leben im Werden der Goethezeit menschlich nahercken. Ein Glücksfall: die konkrete Erlebbarkeit von Haus und Garten und die lesbaren Spuren seiner Erbauer lassen Lokalgeschichte nah und heutig erlebbar werden.

Peter Bankmann, der das Gartenhaus mit einem engagierten Freundeskreis aus dem Dornröschenschlaf geweckt hat, ist unser kenntnisreicher Führer auf dieser Zeitreise. Ein ausführlicher Rezeptteil, beigesteuert von Sabine Moseler-Worm und Heike Jütting, macht Lust, der damaligen Zeit auch kulinarisch nachzuspüren. Und Ausflugtipps ins schöne Ruhrtal zwischen Kettwig und Burg Blankenstein lassen uns weitere Brücken schlagen über die 200 Jahre hinweg. Denn die romantische Schönheit der Landschaft wahrzunehmen und bewusst zu genießen, gehörte zu den großen kulturellen Errungenschaften der damaligen Zeit.

Johann Everhard Dingerkus
1725 -1817

Die Anfänge der Familie Dingerkus in Werden

Das Leben in Werden zwischen 1750 und 1815

Das Städtchen Werden liegt 1750 verträumt im mittleren Ruhrtal. Hier ist die Welt noch in Ordnung, gemessen an dem, was in Europa passiert. Der agile Abt Benedict von Geismar verwaltet das kleine Fürstentum als Landesherr und beginnt mit dem Bau der repräsentativen barocken Abteianlage. Aus dem Sauerland kommt Johann Everhard Dingerkus in die Stadt und heiratet 1753 das angesehene Werdener Mädchen Leopoldine Funcke. Er ist voller Tatendrang und wird 1759 zum Kanzleidirektor ernannt. Wir begleiten ihn und seine Familie die fast 70 Jahre bis zu seinem Tod 1817 und wollen versuchen, diese spannende Zeit aus verschiedenen Blickwinkeln zu beschreiben.

Kanzleidirektor Johann Everhard Dingerkus

Wer war dieser Johann Everhard Dingerkus?

„Er wird 1725 im sauerländischen Attendorn als drittes Kind von Johann Bernhard Dingerkus und seiner Ehefrau Margarethe Tütel geboren. Die Dingerkus' sind zunächst freie Bauern auf dem „DINGERING", einem Höhenzug des Ebbegebirges zwischen Attendorn und Plettenberg".[1] Sie werden aber auch Juristen, Kämmerer und Geistliche. Der Name Dingerkus entstammt vermutlich der germanischen Bezeichnung „Ding" oder „Ting"[2] (Ort der Rechtsprechung). Möglicherweise erklärt diese Namensdeutung, warum immer wieder Juristen das Bild der Familie prägen.

1736 - also mit 11 Jahren - empfängt Johann Everhard Dingerkus in Köln die niederen Weihen und wird in das Verzeichnis der Kleriker, also der geistlichen Amtsträger, eingetragen. Ob er möglicherweise Priester werden wollte, ist nicht bekannt. Er widmet sich schon früh dem Studium der Jurispondenz und promoviert 1751 mit 26 Jahren zum Doktor beider Rechte.

Er studiert sowohl weltliches Recht als auch Kirchenrecht und muss in beiden Fächern die zur Promotion notwendigen Prüfungen bestehen. Unterstützung erhält er dabei von seinem Onkel Stephan Dingerkus, der Vikar am Hohen Dom zu Münster ist.

Zur Familie Fürstenberg - die auf dem Schnellenberg bei Attendorn residiert - hat die Familie Dingerkus gute Kontakte. Im 18 Jahrhundert spielten die Fürstenbergs eine bedeutende Rolle in Westfalen. Auch nach Werden gibt es eine Verbindung. Ein Attendorner Verwandter, nämlich Carl Christoph Dingerkus, ist zu dieser Zeit als Tuchmacher und Kaufmann in der Abteistadt tätig.[3] Es ist zu vermuten, dass Johann Everhard Dingekus sein Weg auch deshalb nach Werden geführt hat, möglicherweise spielten aber auch die guten Beziehungen zu den Fürstenbergs eine Rolle. Heute würde man sagen, er war gut vernetzt. Jedenfalls wird er 1759 zum Kanzleidirektor und somit höchsten Beamten der Fürstabtei Werden berufen.

Auch als Werdener Kanzleidirektor bleibt er seiner sauerländischen Heimat verbunden und wird Prinzipal der Nicolaibruderschaft in Attendorn.

Was war Dingerkus persönlich für ein Mensch?

Neben der Arbeit als treusorgender weltlicher Diener seiner Abtei ist er auch den religiösen Dingen des Lebens zugetan. Sein späterer Nachlass[4] enthält neben religiösen Bildern, Kruzifixen und zwei Weihwasser-Kesseln, einen schwarz-tuchenen Leichenmantel und ein Totenhemd mit Manschetten.

Er steht aber offensichtlich auch den Annehmlichkeiten des Lebens nicht ablehnend gegenüber. Englisches Porzellan, geschliffene Gläser, Flaschen mit vergoldeten Rändern, unzählbare Kaffee- und Teekannen sind vorhanden. Er war begeisterter Raucher, was Tabaksdosen und Pfeifen beweisen, aber auch den guten kölnischen Schnupftabak hat er geschätzt. Das Reiten war wohl seine Passion, was eine Vielzahl von Reitstöcken mit Knäufen aus Porzellan, Silber und Gold im Nachlass belegen.

Gern schmückt er sich mit Westen, die mit silbernen Borden besetzt sind, andere sind geblümt mit rot seidenem Stoff. Silberne Knieschnallen, Hirschfänger und Degen sowie goldene Hemdknöpfe und Perückenköpfe zieren sein Äußeres.

Ausritte in das schöne Ruhrtal und das vor der Stadtmauer liegende

Gartenhaus gehörten sicher zu den bevorzugten Beschäftigungen in der freien Zeit. Hier traf man sich zum Schälgen (Eine Schale bzw. Portion) Thee und Kaffee.

Einladung zum Schälgen Thee:

In einem erhaltenen Brief wirbt er 1753 um ein braves Werdener Frauenzimmer. Seine spätere Ehefrau Sophia Wilhelmine Leopoldine Funcke ist von seinem Werben so angetan, dass sie ihn 1754 heiratet.

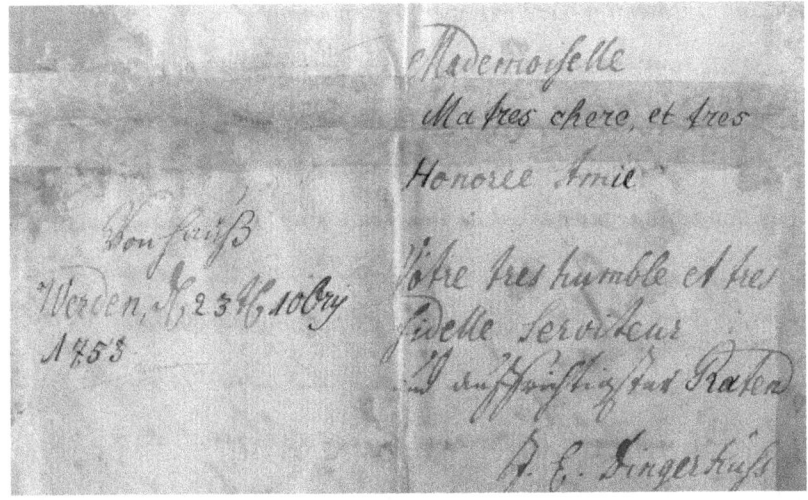

Briefauszüge[5]

Mademoiselle! Ma très Chère, et très honoree, Amie!
(Fräulein, meine sehr teure, und sehr geehrte Freundin!)

Daß Mademoiselle mit dem überkommenen lästigen Juristen die im etwah vocirende (vereinbarte) *Zeit passiren wolle, freuet mich sehr...*

...Verhoffe also nicht, daß Mademoiselle die mit bloßen Worten mir ausgetruckte Gedanken auch also im Herzen führen wollte; müssen nicht zweifeln, Sie werden von meiner, ohne Ruhm zu melden, nur allzugroßen sauerländischen Redlichkeit aus der bisherigen Conversation schon hinlänglich überzeuget sein; auch nicht wohl zu prässumiren (nützlich sein), *daß ein ehrlicher Kerll (wofür mich ausgebe und wovon die proben zu Tag legen werde) diese Frechheit an Einem so bravven Frauenzimmer begehen werde... Solange aber Mademoiselle abbesagter Maßen sich nicht resol-*

viren (entschließen) *wollen, bitte mir zur Freundschaft aus diese meine Gedanken so viel möglich heimlich zu halten, weilen sothane method zu lieben, aufrichtigste Herzen am meisten thut Vergnügen indessen man es senn kann so bitte mir des morgens frühe nach dem gewöhnlichen Kirchengang doch dann und wann die Ehre zu geben und unter 4 Augen in meinem Luerberg einem schälgen thee oder caffee eine kleine liebes conference zu halten ich versicher, daß hierbei nicht das mindeste malhonettes* (unangenehmes) *zu befürchten sein wird, worauff mich dann gänzlich verlassend mich zu dero werthisten affection höfflichst Empfehle und mit wahrer Verehrung ersterben werde".*

Mademoiselle! Mademoiselle! Ma très Chère, et très honoree, Amie! (Fräulein, meine sehr teure, ja sehr geehrte Freundin)

Votre très humble et très fidèle Serviteur ..

Euer bestens zurückhaltender gläubiger Diener und aufrichtiger Praetendent Johann Everhard Dingerkus J.E.D

Was für edle Worte. In der guten Gesellschaft sprach man französisch in dieser Zeit.

Die Familien Dingerkus und Wulff in Werden

Sophia W. L. Funcke entstammt einer angesehenen Werdener Familie. Der Vater ist Landrichter. Aus der Ehe mit Johann Everhard gehen zwei Kinder hervor: Sohn Stephan Benedict (geb. 1755) und Tochter Maria Agnes (geb. 1760). Maria Agnes heiratet 1796 den Juristen Franz Carl Wulff und hat zwei Kinder mit ihm. Stephan Benedict bleibt unverheiratet.

Heinrich und Wilhelm Wulff

Ein weiteres Dokument, das die Lebensumstände in Werden beschreibt, ist der Liebesbrief[6], den Maria Agnes Dingerkus im September 1796 an ihren Verlobten, den Advokaten Franz Karl Wulff, der in Castrop wohnte, schreibt.

Sie bittet ihn um seinen Besuch und schlägt vor, den ersten Tag bis Essen zu reiten und den anderen Tag nach Fischlaken, wo er sie bei den Bekannten Maas vorfinden würde. Auch möge er, da es in Castrop viel Wildpret gäbe, einen Hasen und einige Rebhühner mitbringen; in Werden sei Wildpret sehr rar.

Man traf sich also auf neutralem Boden. Vermutlich ging es um die bevorstehende Hochzeit, die am 6. November 1796 stattfand. Sicher gab es bei der Hochzeit ein angemessenes Mahl mit Wildpret (Wildbret).

Von den beiden Kindern des Paares überlebt nur Stephan Wilhelm Wulff das Kindesalter. Er wächst nach dem Tod der Eltern (1805 stirbt die Mutter, 1807 der Vater) bei seinem Großvater Johann Everhard Dingerkus auf. Er selbst heiratet 1823 Henriette Margret Tietz aus Ratingen und hat mit ihr 13 Kinder.

„Im Himmel", Grafenstraße 49 heute

Die Familien Funcke bzw. Dingerkus bewohnen das abteiliche Lehen Haus Grafenstraße 49 (genannt „Im Hummel" bzw. „Im Himmel", so wie wir es heute kennen). Das Haus hat eine lange Geschichte. Die Namensgebung ist nicht geklärt.

Das ursprüngliche Gebäude wird bereits im 14. Jahrhundert (1387) erstmalig erwähnt und vermutlich um 1700 unter Einbeziehung bereits vorhandener Bauelemente errichtet. Ab 1770 erhält das Holzfachwerk eine repräsentative massive Fassade aus Stein.

1731 erhält die Familie Funcke das Lehen durch den Werdener Abt. Sophia Wilhelmine Dingerkus, geb. Funcke, wächst hier auf. Johann Everhard verbringt seine letzten Lebensjahre von 1811 bis zum seinem Tod 1817 in diesem Haus.

Nach Aufhebung der Abtei (1803) kann das Haus nach langen Bemühungen von Stefan B. Dingerkus erst im Jahre 1830 gekauft werden und geht in das Eigentum der Familie Dingerkus über (bisher war es als Lehen genutzt). Stefan B. Dingerkus stirbt 1833 kinderlos. Der Enkel von Maria Agnes und Johann Everhard Dingerkus, Stefan Wilhelm Wulff, erbt das Gebäude. Bis 1919 - also rund 90 weitere Jahre - bleibt es im Besitz der Familie Dingerkus. Heute gehört es der Familie Potthoff.

„Im Lühr"

Das eigentliche Wohnhaus der Familie von Johann Everhard Dingerkus ist bis 1811 (und damit fast 60 Jahre) das Haus „Im Lühr" neben der Basilika. Es ist im abteilichen Besitz und die Dienstwohnung des Kanzleidirektors. Das Haus steht noch heute, es liegt etwas ver-

Mit Bart der Urenkel von Johann Everhard Dingerkus, Kaufmann F. Johann Heinrich Wulff (1831-1905), daneben seine Tochter Hedwig Wulff (geb. 1878 - verh. Budde) und sein Sohn Obersteiger Stefan Wilhelm Wulff (1869-1945).

steckt auf dem Abteiberg. Dingerkus muss hier 1811 auf Anweisung der französischen Verwaltung ausziehen.

Die Nachfahren der Familie Dingerkus in Werden, wie Wulff und Funcke, sind eng mit dem Bergbau verbunden. Der Ur-Ur-Enkel von Dingerkus, Stephan Wilhelm Wulff, ist als Bergingenieur tätig und stirbt 1945 in Steele. Er hat es auch übernommen, in den 1920er Jahren über seine Familie zu schreiben.[7] Ein Familienfoto aus dem Jahr 1890 zeigt die Nachfahren der Familie Dingerkus.

1968 stirbt Prof. Dr. Hans E. Wulff in Pakistan. Er war Hochschullehrer in Sydney /Australien und besuchte noch 1967 die Abteistadt, um mit Rektor Küpper und Jan Bart über die Familie Dingerkus zu sprechen.[8] Von einem weiteren Nachfahren der Familie Dingerkus - Thyssen Direktor Heinz Budde aus Mülheim – stammt ein Foto des verschollenen Dingerkus Gemäldes[9], das seit 1972 in Werden bekannt ist. Meine Nachforschungen enden in den 1970er Jahren.

Ein erfülltes Leben

Johann Everhard Dingerkus lebte in einer stürmischen, aber auch spannenden Zeit des gesellschaftlichen Umbruchs.

Seine 92 Lebensjahre waren - objektiv betrachtet - ein für die damaligen Verhältnisse privilegiertes Leben in einer bürgerlichen Welt. Aus einigen Anekdoten lässt sich erkennen, dass er ein durchaus selbstbewusster, manchmal aber wohl auch etwas uneinsichtiger Zeitgenosse war. So gab es Streit mit den Nachbarn am Markt um die Benutzung der Wasserpumpe, weil er sich weigerte, seinen Anteil an der Unterhaltung zu bezahlen. Er war der Auffassung, dass ein Kanzleidirektor, der seit 30 Jahren seinen Beitrag geleistet hat, nunmehr davon befreit sei. Auch nach Auflösung der Abtei 1803 blieb er bis 1811 in seiner Dienstwohnung „Im Lühr", obwohl die preußische Verwaltung alles versucht, dass er in sein Haus in der Grafenstraße umzieht.

Aber die letzten zwanzig Lebensjahre ab 1796 waren für ihn sicher nicht einfach. Haft in Wesel, Auflösung der Abtei, Pensionierung als Kanzleidirektor, Umzug aus dem Jahrzehnte lang genutzten Wohnhaus „Im Lühr", Machtübernahme durch die Franzosen und später durch die Preußen, Tod der Tochter, der Ehefrau und des Schwiegersohnes, Erziehung der Enkelkinder.

Vermutlich hat er trotz alledem ein erfülltes Leben geführt. Er nimmt in der Geschichte der Abtei und Stadt Werden einen wichtigen Platz ein.

Politische und wirtschaftliche Situation im Ruhrtal

Die Reichsabtei Werden an der Ruhr existiert seit fast eintausend Jahren und lebt nach den Regeln des Benediktiner Ordens. Nach Gründung durch den Hl. Ludgerus im Jahre 799 hat sie sich über die vielen Jahrhunderte trotz vieler Widersacher ihre Eigenständigkeit immer wieder bewahrt. In der Mitte des 18. Jahrhunderts wird die Situation der Kleinstaaten allerdings immer schwieriger, so auch in Werden.

In der Nachbarschaft regieren im adeligen Damenstift Essen in dieser Zeit nacheinander zwei starke Frauen: Franziska Christine von Pfalz-Sulzbach (1696 - 1776) gründet u.a. ihr Waisenhaus und Kinderheim in Steele und baut Schloss Borbeck mit seinem großen Park zu einer ansehnlichen Residenz aus. Ihr folgt Maria Kunigunde Dorothea von Sachsen (1740 - 1826), die Mitbegründerin der Hütte „Gute Hoffnung" in Oberhausen zusammen mit den bekannten Industriellenfamilien Haniel und Huyssen. Als sächsische Prinzessin bringt sie etwas Glanz in das verträumte Städtchen an der Berne.

Neben diesen beiden kleinen selbständigen Fürstentümern gibt es auf dem Gebiet der heutigen Bundesrepublik bis zur Mitte des 18. Jahrhunderts eine große Zahl von weltlichen und geistlichen Landesherren. Unzählige Schlagbäume, hohe Zölle und eigene Währungen verhindern ein wirtschaftliches Handeln. Verkehrswege sind kaum vorhanden. Adel und Kirche bestimmen das gesellschaftliche Leben, während das einfache Leben der Menschen vom Bauerntum und Handwerk geprägt ist.

In Preußen regiert machtbesessen Friedrich der Große (1712 – 1786). Von seinen Gegnern als Despot beschrieben, sehen ihn andere als feinsinnigen, gebildeten und sehr musikalischen Menschen, der eigene Gedichte und Kompositionen verfasst. Seine besondere Vorliebe für „das Französische" zeigt sich in seiner Freundschaft zum hoch angesehenen Philosophen Voltaire, der einige Jahre am Hofe des Königs verbringt.

Die wichtigen Akteure in Europa sind Frankreich, Österreich, Schweden, Russland und England. Mit Katharina der Großen und Maria Theresia sind auch hier starke Frauen an der Macht. Der

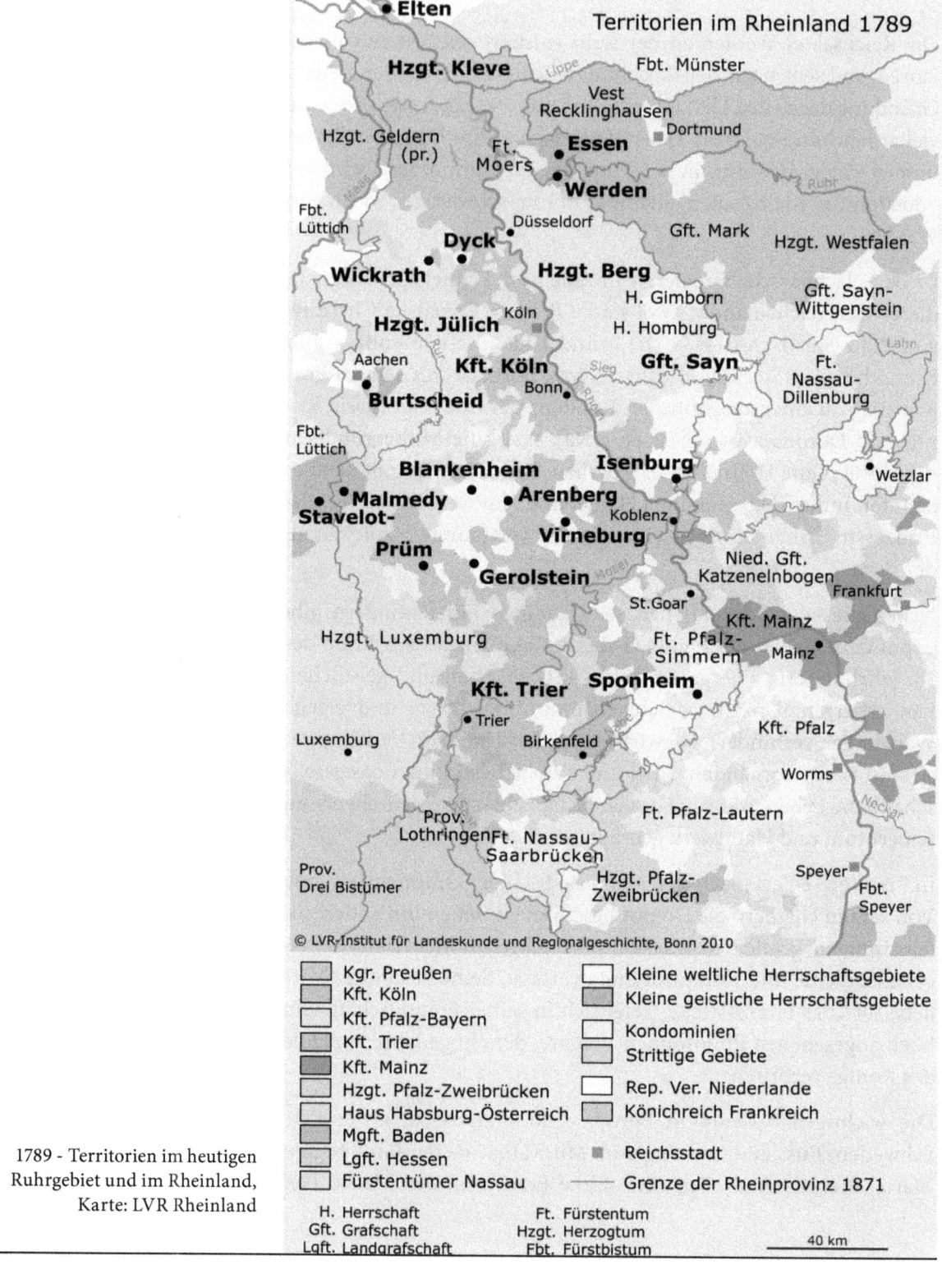

1789 - Territorien im heutigen Ruhrgebiet und im Rheinland, Karte: LVR Rheinland

siebenjährige Krieg mit Preußen von 1756-1763 bringt Leid und Elend über die Menschen. Die hochgerüstete preußische Armee unter Friedrich dem Großen setzt sich durch und wird zur Großmacht. Abtei und Stadt Werden spüren die Auswirkungen dieses Krieges. Friedrich hat es auch auf die wirtschaftlich und strategisch günstig gelegenen Kleinstaaten an der Ruhr abgesehen. Auf deren Einverleibung ist Brandenburg bzw. Preußen bereits seit 1609 aus, als es durch den Jülich-Klevischen Erbfolgestreit das Herzogtum Kleve erhält und so sein Territorium in Richtung Westen ausweiten kann. Durch ihre Existenz verhindern die streitbaren Essener Fürstäbtissinnen und die Werdener Äbte eine direkte Verbindung zwischen dem Herzogtum Kleve und der Grafschaft Mark. Die Karte von 1789 zeigt die politische Situation an Rhein und Ruhr. Die Streitigkeiten zwischen dem Werdener Abt und Preußen werden erst mit der Säkularisierung 1803 beendet.

Auseinandersetzungen mit Preußen und der Vergleich von 1774[10]

Der neu gewählte Werdener Abt Anselm verweigert 1765 den Preußen die geforderte Verpflegung für seine Soldaten - u.a. 2.600 Pfund Fleisch und 30.000 Portionen Brot. Der Abt wird verhaftet und erst gegen ein Lösegeld von 10.000 Reichsthalern freigelassen. Kanzleidirektor Dingerkus fährt nach Castrop und überbringt das Geld persönlich. Die Versorgung der preußischen Soldaten muss trotzdem sichergestellt werden.

1768 kommt es zu Auseinandersetzungen zwischen den Soldaten der Abtei und beurlaubten preußischen Soldaten. Zwei Preußen kommen zu Tode. Daraufhin besetzen die Preußen die Abteistadt mit 80 Soldaten. Die Werdener Armee - 15 Mann stark - wird verhaftet und nach Wesel gebracht. Abt Anselm wendet sich mit einer Klage an den Reichshofrat in Wien - hier werden die Streitigkeiten der Landesfürsten untereinander verhandelt. Als es nicht weitergeht, schickt er einen Werdener Gesandten. Pastor Groten ist ein halbes Jahr in Wien und schafft es, bei Kaiserin Maria Theresia vorzusprechen.

Flügge schreibt hierüber in seiner Chronik der Stadt Werden:

"Pastor Groten überreichte sodann dass Promemoria (Gesuch, Antrag) *und bat die Kaiserin um ihr hohes Vorwort bei dem Kaiser; die Kaiserin nahm seinen Vortrag ungemein gnädig auf, und versprach, mit dem Kaiser davon zu reden.* (ihr Sohn Joseph II unterstützte Maria Theresia in der Staatsführung). *Groten zog sich mit der nehmlichen Zeremonie, wie er hineingekommen war, nun rücklings zurück, weil man der Kaiserin den Rücken nicht zukehren durfte".*[11]

Zunächst bleibt die Eingabe jedoch ohne Erfolg. Erst weitere Gespräche Grotens in Berlin führen 1774 zum Vergleich zwischen dem König von Preußen und dem Werdener Abt, der von Kaiser Joseph II in Wien bestätigt wird. Hierin sind auch die Streitigkeiten zwischen Katholiken und Lutheranern in Werden beigelegt. Beide Seiten sind jetzt paritätisch im Magistrat besetzt. Jeweils für ein Jahr stellen sie im Wechsel den Bürgermeister. So ist allen geholfen. Im Vertragstext heißt es u.a.:

"Alle Magistratspersonen, so wie alle Eingesessenen von Werden sollen dem Herrn Reichsabt den schuldigen Respect und Gehorsam erweisen, so wie hingegen derselbe ihnen auch Allen ohne Unterschied der Religion Schutz und unparteiliche Gerechtigkeit angedeihen lassen will".[12]

Für diese Entscheidung hat man fast sechs Jahre gebraucht. Warum so lange? Vermutlich lag es auch an der politischen Situation in Europa. Hier der katholische Kaiser in Wien, dort der protestantische König von Preußen. Und mittendrin das kleine Fürstentum Werden an der Ruhr. Sicherlich hat man in Europa andere Sorgen, die bedeutender sind. Es war für die Gesandten auch schwierig, sich Gehör zu verschaffen. Das erforderte harte Lobbyarbeit, so wie sie auch heute in der Politik üblich ist. Die Reisebedingungen waren nicht sehr komfortabel. Auch die Fahrt mit der Postkutsche von Werden nach Wien (rd. 1.000 km) dürfte mindestens 30 Tage gedauert haben, nach Berlin immerhin 20 Tage.

Aber auch innerhalb Werdens gibt es Streit. Mitte des 18. Jahrhunderts streiten die protestantischen und die katholischen Bürger der

Stadt um die gleichmäßige Besetzung des Magistrats. Ein Bürgermeister lutherischen Bekenntnisses wird gewählt. Die Katholiken wollen sich wehren.

Aus den religiösen Streitigkeiten in Werden im 18. Jahrhundert hat sich im 20. Jahrhundert eine beispielhafte Ökumene entwickelt, auf die die Werdener stolz sein können.

Verhaftung von Dingerkus und Müller 1796

Im Jahr 1794 kommt es zum wiederholten Streit mit Preußen, weil Friedrich Wilhelm II. das Recht des Werdener Abtes auf die Landeshoheit erneut in Frage stellt.

Fast ein Jahr später im August 1795 rücken erneut preußische Truppen in die Abteistadt ein und verkünden das königliche Recht auf die Landeshoheit in Werden. Die Bekanntmachung erfolgt an den Stadttoren und Kirchentüren. Stadt- und Landrichter Müller sowie J. E. Dingerkus wollen sich hiermit nicht abfinden und beseitigen diese Bekanntmachungen höchstpersönlich.

Die Preußen sind außer sich über dieses frevelhafte Majestätsverbrechen. Es erfolgt eine geheime Untersuchung durch einen königlichen Beamten in Werden und Kettwig, die fast 6 Monate dauert. Im Januar 1796 hat man die Täter ausgemacht.

Landrichter Müller und Dingerkus werden nachts in ihren Häusern von einem starken militärischen Kommando verhaftet.

Festung Wesel

„Ohne Utensilien werden sie zunächst 2 Stunden weit nach Mülheim zu Fuß durch Dick und Dünn bergauf und nieder" gebracht.

„Am nächsten Tag geht es im Wagen noch 8 Stunden weiter in die Festung Wesel, wo sie ohne Tisch und Stuhl, ohne Stroh, ohne Feuer und Licht, halberfo-

ren und abgemattet wegen Mangel an Ruhe, wie ein getriebenes Vieh ihrem Schicksal preisgegeben wurden".[13]

Die Abtei protestiert bei der klevisch-märkischen Regierung in Kleve und fordert die Aufhebung des Arrests. Die Regierung antwortet prompt und formuliert, dass

„wegen des durch die veranlasste Abreißung einer affigirten (aufgehängten) *königlichen Verordnung begangenen Frevels geschehen ist, und daher von der Regierung so wenig die Aufhebung des Arrestes als auf die unmaßliche Protestaktion einige Rücksicht genommen werden kann;*

Kleve, den 05. Februar 1796".[14]

Unsere Inhaftierten überstehen die Verhöre und bleiben standhaft. Ihr auf die Abtei geschworener Eid geht ihnen über alles. Sie sehen sich allein als Vertreter eines eigenständigen Fürstentums mit dem Abt als Landesherrn. Dingerkus ist bereits 71 Jahre alt. Sicherlich ist es auch schwierig für ihn, sich mit den absehbaren Veränderungen abzufinden.

Es gibt zwischen 1792 und 1815 immer wieder wechselnde Machtverhältnisse, insbesondere zwischen Preußen und Frankreich. Die Ereignisse in Europa spiegeln sich im Kleinen auch in Werden wider. Fremde Truppen besetzen die Stadt, Flüchtlinge kommen, die Abtei kämpft um ihre Eigenständigkeit.

Wie haben es Dingerkus und Landrichter Müller formuliert:

„Werden besitze zwar keine einzige Kanone und könne deshalb nur mit Argumenten kämpfen und der König müsse zugestehen, dass man sich dieser unblutigen Waffen bedienen werde".[15]

Dingerkus führt während seiner Haft einen intensiven Briefwechsel mit der Familie in Werden. Insgesamt 21 Briefe werden von Januar bis Juni 1796 geschrieben.

Diese Briefe sind im Original im Stadtarchiv Essen erhalten und geben einen wunderbaren Einblick in die Situation vor über 200 Jahren, aber auch berührende Einblicke in das Gefühlsleben der Familie.

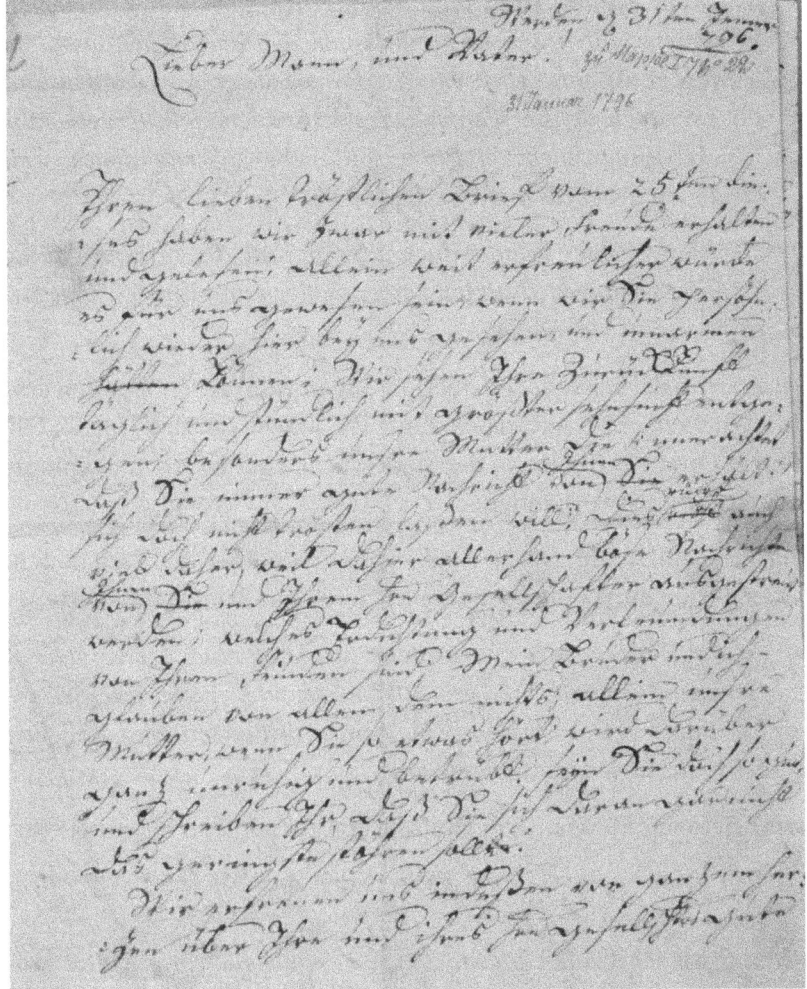

Brief von Sophia Dingerkus an ihren Ehemann in der Festung Wesel vom 31. Januar 1796

Insbesondere seine Ehefrau leidet unter der Situation. Neben dem üblichen Geschwätz über die Nachbarn ist in den Briefen auch folgendes zu lesen:

„Wir sehen Ihre Zurückkunft täglich und stündlich mit größter Sehnsucht entgegen: besonders unsre Mutter die – unerachtet das sie immer gute Nachrichten von Ihnen erhält - sich doch nicht trösten lassen will: dies rührt auch viel daher, weil hier allerhand böse Nachricht von Ihnen und Ihrem Herrn Gesellschafter (gemeint ist Landrichter Müller) ausgestreut werden, welches Erdichtung und Verleumdungen von Ihren Feinden sind.

Es ist ein wahrer Trost, dass Sie öftern Besuch von den Herren Offiziers erhalten und das man Sie in die Stadt gehen lässt. Sie würden sonst entsetzlich von der Langweile geplagt werden und Ihr Arrest würde Ihnen ohne dieses desto unerträglicher sein. Wir schicken Ihnen hiebey 1 Pfund köllnischen Nickel-Taback, weil Sie diesen lieber als andere schnupfen.

Die hiesige Abtey wendet auch alles an und gibt sich alle Mühe, Sie Ihrer Gefangenschaft bald zu entledigen und Ihnen völlige Satisfaction zu verschaffen".

Man sieht, dass sich die Haftbedingungen wohl gegenüber den ersten Wochen verbessert haben. Gute Gespräche mit den Herren Offizieren und ein Besuch in der Stadt wurden gestattet und Schnupftabak war auch vorhanden.

Zu Hause in Werden gibt es üble Nachrede über die Verhafteten. Aber es gibt auch gute Freunde, wie in einem Brief zu lesen ist.

„Prior Küchenmeister, Präsident Brockhoff und übrige Herren Geistliche wie auch hiesige weltliche Freunde – besonders Ihr Kollege Lauten (Sekretär der Abtei) *empfehlen sich bestens und schließen Sie in ihr tägliches Memento ein".*

Im Brief vom 18. Mai 1796 von Maria Agnes an den Vater heißt es:

„Ich glaube es gern, mein lieber Vater, dass Sie letzthin bei dem starken Sturm und Donnerwetter große Angst allein in der Festung gehabt werden haben. Hier hat es auch die vorige ganze Woche immer gestürmt und geregnet. Besonders am nehmlichen Tage war ein Gewitter, ganz kalt dabey und mit Hagel vermischt. Und denken Sie, Mama war in dem Wetter draußen im Garten und pflanzte Sommerkappes.

Der berüchtigte bekannte Cron, der voriges Jahr zu Bredeney, den Lerm und Streit mit dem Richter anstiftete, ist wieder in eine Schlägerei verwickelt, welche in Kettwig geschehen ist am 2ten Pfingsttag. Sie haben den Pastor von der Kanzel gerufen, um den Unfug zu steuern. Sogar mit großen Messern sind sie aneinander gewesen und haben einem Menschen die halbe Backen und das halbe Ohr abgeschnitten. Das Dorf Kettwig hat 25 Schläger in

Arrest genommen, worunter Cron mitbegriffen ist.

Auch ist auf den 2ten Pfingsttag hier in unserer Kirche einem preußischen Fourierschützen in der Neun-Uhr-Messe, wo es gemeinlich voller Menschen ist, sein Geldbeutel mit sechs Thalern und einigen Stübern gestohlen worden. Denken Sie einmal was es böse Menschen gibt, die sogar unter dem Schein der Andacht denen Leuten die Täschen ausfegen...

Aber wie kann man den Inhaftierten zur Freiheit verhelfen?

Nach zweimonatiger Haft wenden sich Dingerkus und Müller im März 1796 in einem persönlichen Brief an den preußischen König Friedrich Wilhelm II:[16]

Friedrich Wilhelm II

> *„Allerdurchlauchtigster!*
>
> *Es sind schon zwei Monate, dass wir als vorgebliche Staatsverbrecher Im Gefängnis schmachten und in den täglichen Rapporten mit Straßenräubern, Vater- und Kindermördern in einer Summe stehen.*
>
> *Warum verhaftet??*
>
> *Weil wir die Befehle unseres Herrn vollzogen und dessen Rechte verteidigt hatten? Das aber konnte nicht Verbrechen sein, das war beschworene Pflicht!!*
>
> *Ich, der Dingerkus, bin schon 71 Jahre, habe eine zwar alte, aber mir desto werthere Frau, da unsere goldene Hochzeit bevorsteht.*
>
> *Ich, der Müller, habe kleine Kinder und eine junge Frau, fürwahr ein besseres Schicksal würdig, als das sie gegenwärtig mit mir erleben muss".*

Eine für uns heute ungewohnte Sprache. Aber welch schöne Formulierungen, die jedoch zunächst nicht helfen.

König Friedrich Wilhelm II ist der Neffe von Friedrich dem Großen. Er hat nach dessen Tod die Thronfolge übernommen. Er versteht es nicht, das Werk seines großen Vorgängers fortzuführen. Die Regentschaft ist geprägt von Günstlings- und Mätressenwirtschaft. Er ist gegen den Geist der Aufklärung. Die Einlassungen von zwei inhaftierten Staatsdienern der Werdener Abtei waren da wohl eher unwichtig für ihn.

Auf die Intervention des Werdener Abtes beim Kaiser in Wien (mittlerweile ist es Franz II.) bestätigt dieser die Rechte der Abtei als Landesherr und verfügt die Freilassung der Beamten in einem Kaiserlichen Mandat u.a. mit der Maßgabe, den beiden stiftischen Beamten gebührend Genugtuung zu leisten, alle Schäden und Kosten zu ersetzen. Die bevorstehende Freilassung hat sich schon bis ins Ruhrtal herumgesprochen.

Der letzte Brief vom 5. Juni 1796 kurz vor der Freilassung:

„Wir haben das wohlversiegelt Päksgen über die Essendische Post endlich erhalten. Täglich zählen wir die Stunden, weil doch die Zeit Ihrer ungerechten Gefangenschaft bald zu Ende läuft, daß wie Sie wieder bey uns sehen und umarmen können".

Einen Monat später, am 5. Juli 1796, werden Dingerkus und Müller nach sechs Monaten Haft freigelassen.

Dingerkus wird bei Auflösung der Abtei 1802 von den Preußen in Ruhestand versetzt. Er ist immerhin schon 77 Jahre alt und erhält einen Pensionsanspruch von 625 Reichsthalern jährlich zugesprochen. Das reicht für ein angenehmes Leben. Die Pension wird in Geld und in Naturalien ausgezahlt. Zum Vergleich: Goethe bekam als Minister in Weimar 3.100 Thaler. Aber das war die Ausnahme. Für einen Reichstaler bekommt man in dieser Zeit 15 Pfund bestes Fleisch, 25 Pfund Brot, 2 Pfund Tabak, 4 Pfund Tee oder 1 Paar Schuhe.

Dingerkus stirbt am 1. Juli 1817 im hohen Alter von 92 Jahren in Werden.

Der Landrichter Müller (1754 – 1830)

Landrichter Peter Franz Joseph Müller ist eine interessante Persönlichkeit. Er setzt sich zunächst pflichtbewusst für den Werdener Abt ein, später genauso intensiv für die Franzosen und abschließend für das königliche Preußen. Alles beginnt, als der Werdener Abt Bernhard (1780-1798) ihn beauftragt, ein umfassendes staatsrechtliches Werk zu schaffen, dass die tausendjährigen Rechte der Reichsabtei als selbstständiges Fürstentum an Hand von Urkunden und Dokumenten zuverlässig nachweist. Es ist immer wieder der König von Preußen, der dies in Frage stellt. Das Müller'sche Gutachten soll die Frage eindeutig klären.

Büste, Landrichter Müller

Einige Jahrzehnte zuvor (1711) hatte der preußische Rechtsgelehrte Cocceji ein Rechtsgutachten erstellt, das den Anspruch Preußens auf die Landesherrschaft nachweisen sollte. Das Ergebnis lässt sich erahnen: Preußen fühlt sich im Recht. Nun weiß man, wie Gutachten ausgehen: Der Auftraggeber erhält meist die gewünschten Antworten. So auch in diesem Fall.

Landrichter Müller hat mit seiner Arbeit leider etwas Pech, da sie in der Zeit der politischen Unruhen entsteht. Als Abt Bernhard 1798 verstirbt, ist auch der Auftraggeber nicht mehr da. Das Interesse an dem Ergebnis ist nur noch gering, da die politischen Veränderungen für die Abtei absehbar sind. Müller versucht trotzdem, sein Werk fertigzustellen und vor allem zu veröffentlichen. Spätestens mit der Auflösung der Abtei 1803 haben sich seine Bemühungen erledigt. Er versucht noch 1803, den Freiherrn vom Stein für sein Werk zu gewinnen. Der ist wohl nicht sehr angetan von dem antipreußischen Werk. Teile des Manuskriptes gehen in den Kriegswirren verloren und geraten in Vergessenheit.

Die Zeit der französischen Revolution und die Napoleonischen Kriege zwischen 1796 und 1814

Aus Frankreich schwappen die revolutionären Ideen über den Rhein. Die Feudalgesellschaft zerbricht und die Ordnung in Staat und Gesellschaft gerät aus den Fugen. Die Zeit ist geprägt von einer Vielzahl kriegerischer Auseinandersetzungen. Verschiedenste Friedensvereinbarungen und Geheimabsprachen zwischen den beteiligten Großmächten Frankreich, Österreich, Russland und Preußen führen zu ständigen Veränderungen in der staatlichen Verantwortung.

Bereits 1795 (Baseler Sonderfriede) macht Preußen den Franzosen große Zugeständnisse. Unter anderem wird die Überlassung des linken Rheinufers in Aussicht gestellt. 1797 nimmt Napoleon Bonaparte Besitz hiervon und führt französisches Recht und Administration ein. So wird z.B. Köln Bestandteil des Französischen Reiches. Die rechtsrheinischen Länder bleiben zunächst verschont. Der Einfluss dieser Entwicklung zeigt sich auch in Werden. Einige Pächter verweigern die Lehnsabgaben an den Werdener Abt. Die Abtei hat Brandschatzungen ihrer rheinischen Besitzungen zu ertragen. Viele Flüchtlinge suchen Zuflucht im kleinen Abteistädtchen.

Mühlengraben in Kettwig

Abt Bernhard

Abt Bernhard Bierbaum regiert von 1780-1798. Er ist für seine Bautätigkeit bekannt geworden. 1783 wird die Erweiterung des Konventgebäudes durchgeführt, er lässt das Haus Schuir errichten und beginnt mit dem Bau der Ruhrbrücke in Kettwig. Diese Brücke sollte ursprünglich die gesamte Ruhr überqueren, wird aber nach 1803 nicht weitergebaut. Das erste Teilstück am Kettwiger Mühlengraben ist heute noch erhalten.

Das Torhaus der Werdener Abtei bildet, wenn man so will, 1794 den Abschluss seiner Bautätigkeit. Im Giebel dieses Torhauses steht:

> *„Nachdem schon früher* (gemeint ist wohl die Fertigstellung 1785) *das Kloster, wie es sich gebührt, wiedererbaut, erweitert und ausgeschmückt war, errichtete diese Vorhalle, während der Krieg näher kommend wütete, Abt Bernhard".*[17]

Daneben ist der Kopf eines Fauns (Fabelwesen) noch heute gut zu erkennen. Herrlich frech streckt er die Zunge heraus. Dazu ein schelmischer, gleichgültiger Blick. Wir wissen nicht, was er uns damit sagen will. Vermutlich gilt er der „bösen" Welt da draußen, den Franzosen und Preußen und allen anderen Krieg treibenden Mächten. Abt Bernhard flüchtet 1796 vor den einrückenden französischen Truppen nach Helmstedt. Dort stirbt er 1798 und wird in der Abteikirche begraben.

Faun am Tor der Abtei

Prinzessin Luise in Werden

Prinzessin Luise und Frederike von Mecklenburg-Strelitz waren 1789 zu Besuch in Broich

1789 kommt es für Abt Bernhard zu einem interessanten Ereignis. Die Großherzogin von Hessen-Darmstadt besucht mit ihren beiden Enkelinnen die Werdener Abtei. Sie verlebt auf ihrem Schloss Broich in Mülheim die Sommermonate und kommt mit dem Schiff nach Werden. In ihrer Begleitung die 13jährige Prinzessin Luise, die spätere Frau von König Friedrich Wilhelm III. Die drei Damen besuchen die Werdener Kirchen und die Zeche Ludgerus, die oberhalb der Papiermühle liegt (dort wo noch heute das Wasser aus dem Berg sprudelt[18]). Die junge Prinzessin ist wunderschön und sehr lebhaft und entspricht so gar nicht den Vorstellungen des Adels. Später korrespondiert sie u.a. mit Goethe und Herder und formuliert:

> „Möge Gott mich davor bewahren, meinen Geist zu pflegen und mein Herz zu vernachlässigen"; sie würde eher „alle Bücher in die Havel werfen", als den Verstand über das Gefühl zu stellen".[19]

Abt Bernhard wird die Ehre zuteil, dass er nach der letzten von dem König Friedrich Wilhelm II. zu Wesel abgehaltenen Revue von diesem zur Tafel geladen wurde. Offensichtlich sind persönliche Begegnungen - trotz der Feindseligkeit zu Preußen - doch gewünscht. Prinzessin Luise heiratet 1793 den Kronprinzen und späteren König Friedrich Wilhelm III. Sie stirbt im Juli 1810 mit nur 34 Jahren an einem Lungentumor. Die Anteilnahme in der Bevölkerung ist sehr groß. Die schöne, junge Königin wird zur Legende. Ihr Sohn, König Friedrich Wilhelm IV, kommt als junger Kronprinz 1833 zu einem Besuch nach Werden. Er ist sehr kunst- und architekturinteressiert und sorgt u.a. dafür, dass die Abteikirche grundlegend renoviert wird: 1846/47 erfolgen der Abbruch des prägenden Zwiebelturms der Peterkirche und die Herstellung des Hauptturmes der Basilika. Sein Besuch geht in die Geschichte Werdens ein. Der inoffizielle „Kronprinzenweg" ist noch heute begehbar.

Man sieht, dass sich das Verhältnis der Werdener zum Königshaus recht schnell normalisiert hat. So mancher Zeitgenosse übertreibt es aber. Es gab in der Hufergasse den Schneidermeister Iber, der mit folgendem Schild an seinem Geschäft aufmerksam machte.

„Niemand hat den König lieber als der Schneidermeister Iber".[20]

Nur die Familie Dingerkus konnte sich damit nicht anfreunden. Im Jahre 1902 zur Hundertjahrfeier der preußischen Machtübernahme an Rhein und Ruhr berichtet der Urenkel von Dingerkus, Wilhelm Wulff, dass in seinem Elternhause diese Feierlichkeiten boykottiert wurden. Kein Fahnenschmuck und keine Jubelgesänge auf das Königshaus. Man erinnerte sich noch immer an die Verhaftung des Vorfahren im Jahre 1796 durch die Preußen. Der sauerländische Dickschädel überdauerte offensichtlich mehrere Generationen.

Armut, Hunger und Räuberbanden im Ruhrtal

Die Zeit ist geprägt von Armut und Hunger. Räuberbanden treiben ihr Unwesen im Rheinland. Der berühmteste Anführer war sicher der Schinderhannes, der in der Eifel und im Hunsrück sein Unwesen trieb. Als er 1803 in Mainz hingerichtet wird, schauen 40.000 Menschen zu. Im Ruhrtal gibt es die Fetschersche Bande. Die Herren von Oefte geben ihr Unterschlupf und werden im Gegenzug von Plünderungen verschont.

Die Räuberbanden sind sehr aktiv und beschränken sich nicht nur auf Überfälle und Einbrüche auf dem platten Land. Auch die Ortschaften und Siedlungen werden heimgesucht. Immer die gleiche Taktik, schreibt Jan Bart:

Erst tagelanges Auskundschaften, dann nachts der Einbruch. „Die Weibsbilder stehen mit geladenen Pistolen Schildwacht, die Kerls dringen in die Häuser, bei Widerstand wird geschossen oder geknebelt. In Essen und Werden haben sie Hehler. Dort müssen die Weiber verkaufen".

Die Diebesbanden bestehen demnach aus mutigen Männern und klugen Frauen. Meist landen diese Ganoven am Galgen, doch für „Nachwuchs" ist gesorgt, da es lukrativ ist, eine Postkutsche oder sogar eine Poststation - wie 1799 in Langenfeld - zu überfallen. Auch die Todesstrafe hält sie nicht davon ab. Erst die Machtübernahme durch die Preußen führt ab 1803 dazu, dass mehr Polizei und Ordnungskräfte für Ruhe und Ordnung sorgen.

Neben den Räuberbanden gibt es viele Vagabunden und Nichtsesshafte und nicht genug Lebensmittel für alle. Die Abtei beschäftigt sogenannte Armenjäger. Ihre Aufgabe ist es, dass Nichtsesshafte und Bettler aus dem Stiftsgebiet „entfernt" werden. Hierfür gab es sogar eine Provision. Falls sie wieder auftauchten, wurden sie inhaftiert.

Todesstrafe durch den Galgen

Auch in Werden gibt es einen Galgen. 1823 wird J.C. Lüders hingerichtet. 1820 hatte er seine Ehefrau erschossen. Er saß im Werdener Gefängnis und wurde zum Tode verurteilt. Das Urteil wurde 1823 auf dem Werdener Markplatz öffentlich durch das Beil frühmorgens um 6:00 Uhr vollzogen.[21] 15.000 Zuschauer hatten sich schon in der Nacht versammelt, um dieses Schauspiel zu erleben. Der frühere Werdener Mönch Meyers beklagt bitterlich, dass es überwiegend Frauen sind, die sich solche Sensationen ansehen.

Verhältnis Werden zu Kettwig – Landsturm und Frühstück beim Abt

Die strategische Lage Kettwigs an der Ruhr mit einer lange intakten Ruhrbrücke ist besonders günstig. „Vor der Brücke" gehört seit dem 17. Jahrhundert zum bergischen Machtbereich. Die Stadt Kettwig gehört zur Abtei Werden und damit zum preußischen Einflussbereich. Die meist protestantischen Kettwiger Untertanen hatten seit jeher ein sehr gespanntes Verhältnis zu ihrem katholischen Werdener Landesherrn: ob es der Landsturmangriff von 1751 war oder das Aufeinandertreffen der Junggesellenkompanien von Kettwig und Werden im Jahre 1780. Die beiden Geschichten sind so interessant, dass sie hier kurz beschrieben werden sollen.

Der Werdener Landsturm

1751 verweigern die Kettwiger die Zahlung der Kreissteuern, weil sie nach ihrer Auffassung mit dem Durchmarsch fremder Truppen stärker belastet werden als andere Honnschaften (Ortsteile) der Abtei Werden. *„Als es zu keiner Einigung kommt, mobilisiert Abt Benedikt 1752 den Landsturm. Jeder Waffenträger erhält 7 Patronen."*[22] Die Werdener Armee (12 Mann) setzt sich mit der Werdener Stadtwache und einer stattlichen Zahl katholischer Bauern - die vermutlich mit Sensen und Dreschflegeln bewaffnet sind - in Richtung Kettwig in Bewegung. Die Strafexpedition verwüstet Behausungen, das Vieh wird gepfändet. Die Kettwiger haben keine Chance gegen die in Überzahl auftretenden Truppen. Es wird geschossen und der Kettwiger Vorsteher Benninghoven wird dabei verletzt. Die Kettwiger beschweren sich beim preußischen König. Sie berichten von einem Überfall mit über 1000 Mann. Das ist vermutlich etwas übertrieben. Es kommt zu Verhandlungen zwischen dem Abt und den Preußen in Berlin und schließlich 1754 zum Kettwiger Vergleich. Die Steuerschuld Kettwigs wird um die Hälfte erlassen. Die Kettwiger haben sich wohl zu sehr auf ihren protestantischen Kirchenpatron in Berlin verlassen. Die Weigerung Steuern zu zahlen, konnte der preußische König auch bei protestantischen Untertanen nicht dulden. Wie zu lesen ist, verbessert sich das Verhältnis der Kettwiger zum Werdener Abt. Dies zeigt eine weitere Geschichte.

Einladung beim Abt

Es war üblich, dass die neu gewählten Werdener Äbte ihre Ernennung beim Erzbischof in Köln erhielten. Auf der Rückreise betraten sie in Kettwig die Grenze ihres Fürstentums. Dort wurden sie herzlich empfangen und bis zum Bilstein geleitet, wo sie von den Werdenern „übernommen" wurden.

So geschah es auch 1780, als Abt Bernhard II. sein Land betrat. Bernhard zeigte sich den Kettwigern erkenntlich und lud sie zum Gastmahl in seine Werdener Residenz ein. Er konnte nicht ahnen, dass die eifersüchtigen Werdener Junggesellenkompanien das ganz anders sehen. Sie besetzen das Ruhrtor (am Kastell) und verwehren den Kettwigern den Durchmarsch durch die Stadt zur Residenz.

Aus dem Protokollbuch der Borner Männer Companie ist zu lesen: *"Morgens eine kleine Unruhe in der Stadt, wo sodann wir Offiziers erfuhren, dass die ganze Junggesellencompagnie in Ordnung mit scharf geladenem Gewehr an der Ruhrpfordten Parade stunden, die Kettwiger Söhn mit ihrem Aufzucht mit Protest zu erwarten".*[23]

Kanzleidirektor Dingerkus und sein Sekretär Lauten verhalten sich sehr diplomatisch und entwickeln folgenden Plan: Die Kettwiger setzen über die Ruhr und gehen außerhalb der Stadtmauer vorbei am Ruhrtor, am Brandstor sowie am Borntor und durch das kleine „Kälberpförtchen" oberhalb der Residenz. So erreichen sie auf Umwegen, aber ohne Zwischenfälle ihren Landesherrn, der sie freundlich begrüßt und bewirtet. Die Werdener sind sprachlos über so viel List. So wie sie gekommen sind, verlassen die Kettwiger auch wieder die Residenz. Am Hohenstein setzen sie über die Ruhr und treten sicher und glücklich ihren Heimweg an.

Es gibt auch identische Geschäftsinteressen. Der Kettwiger Kaufmann Hermann Wilhelm Engels begründet gemeinsam mit Abt Anselm 1770 eine Transportgesellschaft und damit die Ruhrschifffahrt. Sie waren vom Erfolg überzeugt.

Auch die sehr guten Kontakte und Gemeinsamkeiten von Katholiken und Protestanten aus beiden Orten soll erwähnt werden. Kettwig war protestantisch geprägt. Werden eher katholisch durch die Abtei, aber auch protestantisch in der Bürgerschaft.

Das Gründungsjahr der evangelischen Kirche in Werden wird auf 1550 datiert. Man war hier den Neuerungen Luthers sehr aufgeschlossen. Der protestantische Pastor Friedrich Adolph Krummacher besucht in seiner Kettwiger Zeit (1807 bis 1812) regelmäßig seine zahlreichen Freunde in Werden und Essen. Insbesondere die regelmäßigen Besuche beim preußischen Domänenverwalter Johann Gerhard Keller in Werden waren beliebt, um sich *„der Gastfreundschaft dieser trefflichen, geistesfrischen und in der Liebe des Evangeliums stehenden Familie zu erfreuen".*[24] Häufig begleiteten ihn seine älteren Söhne auf dem einstündigen Fußmarsch entlang der Ruhr. Die jungen Burschen genießen *„zur Sommerzeit die Schwimmlust nebst dem Fisch- und Krebsfang in der bis auf den Grund klaren,* *krystallhellen Ruhr und zur Winterszeit die herrliche, meilenweit ausgedehnte spiegelglatte Eisbahn auf diesem schönen Flusse- was bedürfte es für uns Knaben mehr, um uns die Welt als ein Paradies zu denken".*[25]

Die protestantischen Bürger Kettwigs helfen beim Aufbau der ersten katholischen Kirche im Jahre 1830. Aus der aufgegebenen Clemenskirche in Werden kommen Gestühl und Kirchenausstattung nach Kettwig.

Nach Auflösung der Abtei gehören Werden und Kettwig zum Landkreis Essen, der 1929 aufgelöst wird. Werden wird nach Essen eingemeindet, Kettwig dem neu entstehenden Landkreis Düsseldorf-Mettmann zugeordnet. Kettwig kann sich seine Eigenständigkeit bis 1975 bewahren und wird dann - zum Leidwesen vieler Kettwiger - auch nach Essen eingemeindet. Heute ist man im Stadtbezirk IX wieder vereint.

Es hat aber nichts daran geändert, dass Kettwiger und Werdener ein streitbares Völkchen geblieben sind und ihre Eigenständigkeit auch im 21. Jahrhundert immer wieder herausstellen. Die auch heute noch gebräuchlichen Formulierungen zeigen dies sehr schön:

„Der schönste Ort auf Erden ist Kettwig neben Werden"

„Denn es ist nun mal so:
Dass Werden schon geworden war,
als Essen noch im Werden war".[26]

Karte um 1800

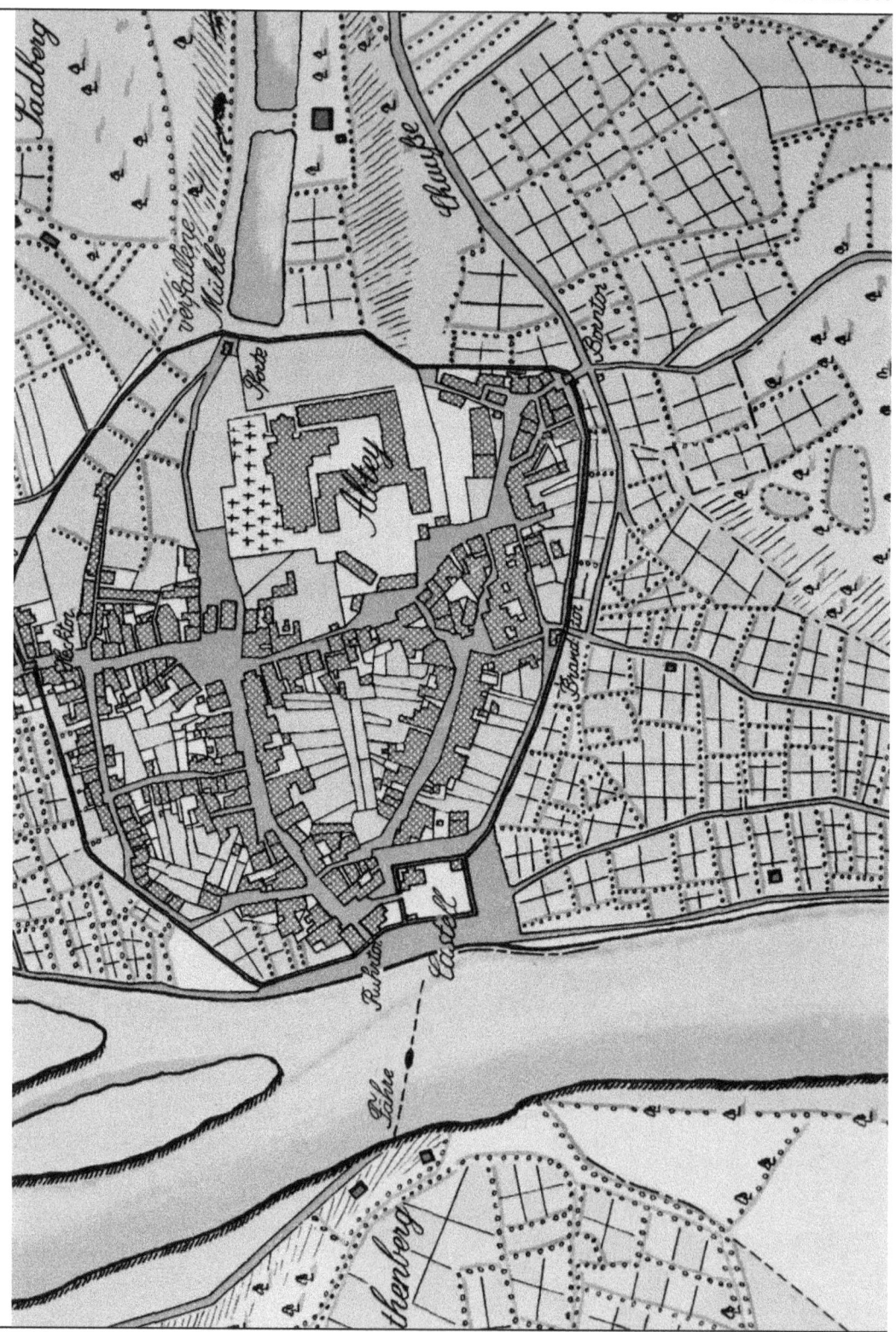

Die Preußen kommen

Nach dem Frieden von Luneville am 9. Februar 1801 ist klar, dass das linke Rheinufer endgültig an Frankreich geht und den deutschen Fürsten eine Entschädigung für ihre hier liegenden Besitzungen als Ausgleich überlassen wird. Am 25. Februar 1803 werden durch den Reichsdeputationshauptschluss insgesamt 112 Reichsstände aufgehoben. Bistümer, Abteien, Stifte und Klöster verlieren ihre Eigenständigkeit. Preußen macht „ein gutes Geschäft" und enthält für den Verlust von 48 Quadratmeilen im rechtsrheinischen Gebiet einen Ausgleich von 235 Quadratmeilen. Darunter die sogenannte Entschädigungsländer Essen, Werden und Elten (am Niederrhein).

Im Essener Raum sind rund 20.000 Menschen betroffen. Das ehemaligen Stift Essen mit 13.000 und die Abtei Werden mit 7.000 Bürgern. Der Gebietszuwachs ist flächenmäßig nicht so bedeutsam, aber wirtschaftlich und strategisch wichtig. Hat Preußen doch sein über Jahrzehnte angestrebtes Ziel endlich erreicht und eine Verbindung seiner Herrschaftsgebiete Herzogtum Kleve und Grafschaft Mark hergestellt. Wirtschaftlich sind der Kohlebergbau und die Tuchmacherindustrie sowie die aufstrebende Ruhrschifffahrt für den preußischen König von großer Bedeutung. Das sieht man auch daran, dass er bereits einige Monate vor dem absehbaren, aber formal noch nicht beschlossenen Reichsdeputationshauptschluss von 1803 seine Besitzung übernimmt.

Am 3. August 1802 - dem Geburtstag des Königs - rücken je zwei Kompanien des Bataillons von Lechner in Essen und Werden ein. Der preußische Adler ist nun an der Ruhr präsent.

Zeitungstext aus dem Jahre 1802 aus Essen: Allgemeine Politische Nachrichten, Essen, Donnerstag 5. August 1802

„Gestern morgen rückten hier 2 Compagnien des Grenadierbataillons von Lechner ein und nahmen nicht nur im Namen Ihrer Königlicher Majestät von Preußen hiesige Stadt, sondern auch das ganze Hochstift in Besitz".... Die Archive und Kassen wurden versiegelt und Anschläge des kgl. Patents in Essen, Werden und Elten angeheftet:

„Wir Friedrich Wilhelm III von Gottes Gnaden König von Preussen entbieten den Geistlichen Stiften Essen, Werden und Elten ... unsere königliche Gnade, geneigten Willen und alles Gute.

Gemäß dem Frieden von Luneville vom 9.2.1801 zur Entschädigung der jenseits des Rheinstroms abgetretenen Landen nehmen wir Besitz von diesen schon bisher Unserer Schutz- und respectiven Landesherrlichkeit unterworfen gewesenen Stiftern zu Essen, Werden und Elten....

Königsberg, 6. Juni 1802 Friedrich Wilhelm III – Haugwitz"

Die Bevölkerung ist zunächst unschlüssig und skeptisch. Die Werdener Äbte waren ihren „Untertanen" meist wohlgesonnen. Die Formulierung *„Unter dem Krummstab lässt es sich gut leben"* beschreibt die Situation treffend. Das ist nicht nur in Werden so. Viele geistliche Fürsten waren ihren Untertanen gegenüber wohl eher milde gestimmt. Man hatte sich eingerichtet im kleinen Städtchen an der Ruhr, trotz Hungersnöten, Seuchen und immer wieder Besetzungen durch fremde Truppen. Sollte das jetzt vorbei sein? Und was war in der Zukunft von diesem protestantischen König mit preußischer Ordnung und Disziplin zu erwarten?

Zu diesem Zeitpunkt ahnt niemand, dass es noch komplizierter wird und die Franzosen schon 1806 die Herrschaft auch in Werden übernehmen. Aber zurück ins Jahr 1802.

Die preußischen Zivilkommissare Engels und von Rappard bilden die „zur Civil-Besitzergreifung und interimmistischen Verwaltung der Länder Elten, Essen und Werden verordnete Kommission" mit dem Ziel, die Verwaltung zu ordnen und neu aufzustellen. Der Werdener Abt Beda Savels formuliert einen Protest, der aber übergangen wird.

Wie groß die Unsicherheit bei den abteilichen Beamten und den Conventualen (Mönchen) ist, zeigt ihre Anfrage an den noch amtierenden Landesherrn Abt Beda. *„Wie sollen wir uns in dieser ungewöhnlichen Situation verhalten?"* Die Antwort ist vielsagend:

„Ich rechne fortdauernd mit der mir und meiner Reichsabtey bewiesenen Treue; so wie ich mich willig in die Zeitumstände füge

und mich der endlichen Anordnung des Kaisers....und des Königs gern unterwerfe".[27]

Das heißt nichts anderes als „wir warten zunächst einmal ab und fügen uns dem, was da kommt. Wir werden es sowieso nicht mehr ändern können." Und so geschieht es auch.

Als letzter Werdener Abt verlässt Beda Savels 1802 sein kleines Fürstentum. Beda erhält eine Pension von jährlich 5.000 Gulden für sein Werdener Amt. Er lebt noch 16 Jahre und stirbt 1828 in Düsseldorf. Die Essener Äbtissin Maria Cunigunde hat sich bereits nach Süddeutschland abgesetzt. Die über tausendjährige geistliche Herrschaft von Essen und Werden ist endgültig vorbei.

Jeder der Werdener Conventualen nimmt an Mobiliar und Inventar an sich, was ihm beliebt. Der Rest wird zu Spottpreisen verkauft. Darunter auch ein Gemälde Karls des Großen, das Franz Karl Ludwig Meyer (der letzte Mönch der Werdener Abtei) 1816 erwirbt und an einen Aachener Verwandten verschenkt. In Aachen wird es aufgearbeitet und hängt seitdem im Rathaus der Kaiserstadt. Neuerdings an exponierter Stelle an der Stirnseite des Ratssaales, so wie es das Foto aus dem Jahr 2011 zeigt.

Karl der Große, Ratssaal in Aachen

Vom Werdener Magistrat zur preußischen Verwaltung

Wie ist die Situation in der Stadt Werden, als die Preußen kommen? In einem Dokument beschreibt der Werdener Magistrat gegenüber der o.g. Civil-Kommission dies sehr schön.
Mit Datum 8. August 1802 heißt es:

„Auf der Grundlage des Vergleichs von 1774 mit Preußen besteht der Magistrat aus zwölf bürgerlichen Personen halb protestantischer und halb katholischer Religion und einem Rechtsgelehrten jetzt protestantischen Sekretär. Hieraus wird der Bürgermeister bestimmt. Der Magistrat leitet sämtliche Justiz-, Polizei-, Steuer und Rentei-Kassen-Geschäfte.

Außer einem Nachtwächter (zugleich Stadt- oder Ratsdiener) *besteht eine fünfköpfige Nachtwache aus einem Wachtmeister und vier Wachhaltern, die des Nachts von 11 Uhr bis 3 Uhr ununterbrochen durch die Stadt patrollieren. Die Aufsicht über das Straßenpflaster, die Stadtmauern und die Feuerstellen gehört regulativmäßig ebenfalls zu der magistratlichen Polizei".*[28]

Straßenpflaster gab es kaum. Das erste wurde 1794 in der Bornstraße, in der Ruhrstraße und im Bungert ausgeführt. Das Material (Bruchsteine, Kiesel und Sand) bezahlte die Stadt, die Anfahrung die Abtei. *„Den Arbeitslohn musste jeder Hausbesitzer vor seinem Eigentum selbst bezahlen".*[29] Es gab sogar einen bestellten Schornsteinfeger, der aus Kaiserswerth kommt und die Kamine und Öfen inspiziert. Die Angst vor Feuer ist begründet, weil es immer wieder zu verheerenden Bränden kommt, die ganz Straßenzüge zerstören. Die meisten Häuser sind im bergischen Fachwerkstil aus Holz und Lehm gebaut. Es gibt neben den abteilichen Gebäuden nur wenige Häuser, die aus Stein gebaut sind (u.a. Haus Heck, Romanisches Haus, Haus Fuhr). Diese Bauweise konnten sich nur reiche Bürger leisten. Das Haus Grafenstraße 49 „der Himmel" hat ein Holzträgerwerk, das um 1770 mit einer repräsentativen Steinfassade versehen wurde. So viele „stein"reiche Bürger gab es in Werden nicht. Schon eher in Essen, wo sich um die Fürstäbtissin ein kleiner adeliger Hofstaat entwickelt, der auch repräsentative Häuser hatte. Zurück nach Werden.

Das Justizwesen in bürgerlichen Sachen liegt beim Magistrat. Die Appelationen (Widersprüche) gehen zum Landrichter – in Werden ist dies in jenen Jahren Joseph Peter Müller. Die Execution (Ausführung) in Justizsachen obliegt dem Landgericht. Die Abtei hat für ihre Angehörigen eine eigene Rechtsprechung. Der Abt entscheidet insbesondere mit Unterstützung des Propstes in Disziplinarangelegenheiten und in der Wahrung der weltlichen Rechte des Convents. Hinzu kommen abteiliche Beamte wie der Landrichter und der Kanzleidirektor. Der Kanzleidirektor ist als Jurist für die Rechtsgeschäfte und die Verwaltung verantwortlich, insbesondere gegenüber den Lehensnehmern und der Stadt Werden als Vertretung der Bürgerschaft. Er verwaltet auch das meist außerhalb des Stiftsgebietes gelegene Eigentum der Abtei. Nach außen – auch gegenüber der Stadt Werden - wird die Abtei von einer Landesregierung vertreten. *„Diese besteht neben dem als Präsidenten fungierenden Mönch aus dem weltlichen Kanzleidirektor, dem Sekretär mit dem Titel „Rat" und dem Landrichter".*[30]

Ein besonders treuer und sorgsamer Kanzleidirektor war Johann Everhard Dingerkus, der diese Funktion von 1759 bis zur Auflösung der Abtei im Jahr 1802 innehatte. Wie schon erwähnt, begleitet seine Familie uns durch diese Aufschreibung der Geschichte Werdens.

Bei Übernahme der Verwaltung durch die Preußen werden auch die ehemaligen Beschäftigten (Beamten) der Abtei „begutachtet" und insbesondere unter dem finanziellen Aspekt einer möglichen Pensionierung eingestuft. Kanzleisekretär Lauten und Landrichter Müller werden als ordentliche und brauchbare Beamte beschrieben, die auch weiter zur Verwendung kommen sollen. Während Kanzleidirektor Dingerkus mit 77 Jahren und Kanzleiregistrator Arning mit 85 Jahren wegen ihres hohen Alters als „völlig unbrauchbar" eingestuft werden. Ihnen soll eine angemessene Pension gezahlt werden.

Seitens der Preußen wurde zugleich festgelegt, dass die öffentliche Verwaltung zunächst durch dort angestellte Bedienstete und Beamte weitergeführt werden soll. Der erste Bürgermeister in der nachabteilichen Zeit ist von 1808–1811 Benedict Ludger Hiegemann als Maire, von 1811-1819 Alexander Heinrich Freiherr von dem Bottlenberg gen. von Schirp, danach folgt von 1819 – 1851 Theodor Märcker. Von Schirp und Märcker sind auch gleichzeitig Bürgermeister von Kettwig.

Als erster preußischer Domänenverwalter wird Gerhard Keller eingesetzt.

Das Großherzogtum Berg ab 1806

Charles Meynier: Napoleons Einzug in Berlin

Man sollte meinen, dass sich die Situation in Europa nach vielen Jahren der Kriege und Friedensverhandlungen beruhigt hat. Aber dem ist nicht so. Preußen und Russland vereinbaren ein Bündnis und fordern Napoleon am 26. August 1806 auf, seine Truppen hinter den Rhein zurückzuziehen. Im Oktober 1806 kommt es zur Schlacht von Jena und Auerstedt, in der die preußischen Truppen vernichtend geschlagen werden. Am 27. Oktober 1806 zieht Napoleon Bonaparte siegreich in Berlin ein.

Situation in Werden

Die Situation zu Beginn des Jahres 1806 in Werden ist ungewöhnlich. Preußische und französische Truppen stehen sich im Abteistädtchen gegenüber. Im März hatten die Franzosen unter Joachim Murat Werden besetzt. Zur Unterstützung der Essener und Werdener Bürger kommen im April 1806 preußischen Truppen unter Feldmarschall Leberecht von Blücher in die Stadt. Sie wollen den Übergang der Macht an den neuen bergischen Großherzog Joachim Murat verhindern. Sie steigen in Werden über die Stadtmauer und öffnen die Tore von innen. Es heißt: *„Die Herren Offiziere der* *beyden Mächte* (Preußen und Franzosen) *leben dort seit der Zeit auf dem freundschaftlichsten Fuß"* (Essener Zeitung 6.April 1806).

Preußen und Franzosen stehen sich recht friedlich im kleinen Städtchen Werden an der Ruhr gegenüber. Die „Grenze" ist die heutige Brückstraße. Der Bereich Heckstraße und Brehm ist französischer Teil, der Abteiberg und der Klemensborn preußisch. Die Situation für die Bevölkerung ist durch die fremde Belagerung schwierig. Lebensmittel sind knapp. Räuberbanden tummeln sich im Wald von Oefte. Das Branntweinbrennen (zur Schnapsherstellung) von Roggen oder Kartoffeln wird strengstens verboten. Es soll lieber Brot gebacken als Schnaps gebrannt werden. Bürgermeister Joisten richtet einen „Aufruf an die Bewohner des platten Landes Werden":[31]

„Bei dem durch die allzustarke Einquartierung gegenwärtig von Tag zu Tag mehr zunehmenden Mangel an nöthigen Lebensmitteln, und insbesondere an Kartoffeln, sieht sich der Magistrat genöthigt, durch Gegenwärtiges an die gesammten Bauernschaften des Landes zu reden.

Viele von Euch sind noch von der Einquartierungslast befreit und dennoch gibt es einige wenige unter Euch die dem armen leidenden Stadtbewohner ihren Überfluß nur gegen einen äußerst hohen wucherlichen Gewinn überlassen.

Wir laden Euch daher zu der ersten Zuversicht, dass biedere Rechtschaffenheit die mehreren beseelt, ein, mit Euren Vorräthen jeden Montag, Mittwoch und Sonnabends, morgens um 6 oder 7 Uhr hierhin zum Markte zu kommen, und sie so gegen billige Preise dem Verkauf auszusetzen, dass der Bürger und Soldat als Eure Nebenmenschen mit Euch zugleich am Leben bleiben können, wofür Ihr unsern sowohl als die Danksagung der ganzen Bürgerschaft Zeit Lebens einärndten werdet".

Unterzeichnet: Werden im Magistrat, den 20. April 1806 W. Joisten.

Übersetzt heißt das wohl, die reichen Bauern sollen ihre Produkte zu günstigen Preisen anbieten. Man sollte doch meinen, dass auf Grund der Situation eine gewisse Solidarität zu erwarten ist.

Ob sich die Landbevölkerung solidarisch verhalten hat, ist nicht überliefert. Die Bevölkerung auf dem Lande – also im Wesentlichen die Bauern – war von der Einquartierungslast befreit. Die Stadtbevölkerung konnte sich dem nicht entziehen. Beispielsweise weigerte sich der Betreiber eines Gasthofes an der Ruhrstraße, einen Leutnant unterzubringen, falls der Magistrat nicht für die Kosten einstehen werde. Der Magistrat wiederum wendet sich an den Herrn Reichsabt und bittet seinerseits, die Kosten der Stadt durch Einquartierungen zu übernehmen. Der Kanzleidirektor Dingerkus findet es ungeheuerlich, dass sich der Magistrat mit einem solchen Ansinnen an die Abtei wendet und lehnt die Forderung ab. Wie die Sache ausgeht, ist nicht bekannt. Vermutlich zahlt die Abtei, so wie das in der Vergangenheit immer wieder vorgekommen ist.

Im Jahre 1806 verlassen Franzosen und Preußen nach drei Monaten die Stadt. Man einigt sich, abzuwarten, wer die Herrschaft in Europa übernimmt. Napoleon siegt in der Schlacht bei Jena und Auerstedt am 13. Oktober 1806 und die „Entschädigungsländer" kommen nun endgültig unter französische Herrschaft.

„Am 23. Oktober kam eine Gruppe holländischer Fußsoldaten und Husaren hier an, die als Verbündete Frankreichs, ihre Pferde in den Kreuzgängen der ehemaligen Abtei unterbrachten, ohne weiteres die städtischen Kassenvorräte gewaltsam an sich nahmen und dann nach Münster zogen, wo sie sich mit dem Gros der französischen Armee vereinigten".[32] Das Stift Werden wurde dem Großherzogthum Berg zugeteilt und zwar dem Departement Düsseldorf, das zum Arrondissement Essen gehörte.

Am 29.10.1806 erschien folgende Bekanntmachung:

„Sr. Kaiserliche Hoheit, der Großherzog von Berg, Prinz und Großadmiral von Frankreich, geruhte die Regierung der Länder Essen, Werden und Elten zu übernehmen, und mir die Verwaltung derselben interimmistisch anzuvertrauen".

Max Friedrich Graf von Westerholt-Giesenberg, Großherzog-Bergischer General Commissar.

Der Schwager Napoleons - Joachim Murat - wird Großherzog von

Berg und übernimmt die Macht an Rhein und Ruhr. Er residiert in Düsseldorf. 1808 wird er zum König von Neapel ernannt. Napoleon Bonaparte übernimmt in Personalunion als französischer Kaiser auch die Herrschaft über das Großherzogtum Berg. An der Spitze des Departments steht der Minister des Inneren – Graf von Nesselrode.

Übernahme der Verwaltung in Essen und Werden

Die Übernahme der Verwaltung durch die Franzosen verläuft sehr zügig. Die Herren Kopstadt und von Tabouillot in Essen, Freiherr von Schirp zu Baldeney und Joseph Peter Müller in Werden sowie von Vincke in Borbeck werden zu Bezirksräthen ernannt. Bereits am 8. November werden alle städtischen Beamten auf den Großherzog vereidigt. Anstelle der preußischen wurden die französischen Gesetze eingeführt. Die Pensionen der Conventualen und Abteibeamten (auch Dingerkus) wurden gekürzt. Mit Benedict Hiegemann wird in Werden ein neuer Maire (Bürgermeister) eingesetzt. Einige Domänengüter, u.a. die Luciuskirche, werden verkauft.

Im Jahre 1808 gibt es eine fürchterliche Überschwemmung. *„Ganze Mühlenwerke, Häuser und Hütten treiben den Strom hinunter. Die Kohlenmagazine an der Ruhr werden zerstört. Allein in Werden stehen 60 Häuser unter Wasser".*[33]

Die Straße nach Velbert wird weitergebaut und die Anwohner müssen hierfür Hand- und Spanndienste leisten. Man kann sich auch freikaufen. Ausgenommen sind nur die Armen und die, die ihr Brot mit der Hand verdienen mussten. Harte und strenge Sitten waren das.

Am 1. Januar 1810 erfolgten die Einführung des Code Napoleon (Code Civil) als bürgerliches Recht und die Organisation der Justizbehörden, in Folge dessen alle gerichtlichen Behörden aufgehoben wurden. Die Standesregister wurden nun von den Bürgermeistern (Maire) geführt und mussten von den Geistlichen abgegeben werden. Ferner wurden die Geistlichen von der Pflicht enthoben, auf der Kanzel auch die weltlichen Bekanntmachungen zu verlesen. Nichtverheiratete Söhne unter 35 Jahren wurden zum Militärdienst eingezogen. Plötzlich vermehrten sich die Hochzeiten, um diesem zu entgehen. Einige Werdener Junggesellen verstärkten somit die bergischen Truppen, die teilweise bis nach Russland geschickt wurden. Die Bevölkerung Werdens ging um etwa ein Fünftel zurück, weil viele in den Kriegswirren umkamen.

„Das wenige Gute in der Franzosenzeit", schreibt der Chronist Flügge war, *„das etwas für die Schulen, Kirchen und den Wegebau getan wurde. Außerdem gab es am Napoleonstage dem 15. August etwas Bargeld für die Armen.*

Es gab am Vorabend Glockengeläut, am frühen Morgen ein Gottesdienst in allen Kirchen mir Absingung des Te Deum, um dem Himmel für die Wohltaten zu danken, welche er durch die Hände des Kaisers Napoleon des Großen über Europa und besonders über das Großherzogtum Berg, zu verbreiten geruht hat. Die öffentlichen Beamten werden in der Hauptkirche eines jeden Ortes diesem Gottesdienste beiwohnen. Alle Lustbarkeiten sind an diesem, der allgemeinen Freude bestimmten Tage ohne besondere Erlaubnis, jedoch unter gehöriger Polizeiaufsicht, gestattet".[34]

Bergische Soldaten

Auch bei den Siegen der französischen Armee musste ähnliche kirchliche Festlichkeiten abgehalten werden. In der katholischen Kirche musste das Te Deum (als Dank- und Bittgesang) und in der protestantischen das „Herr Gott, Dich loben wir" gesungen werden.

Gründung des Zuchthauses durch Franzosen 1811

Ein ganz wichtiges Ereignis in der Zeit der französischen Besetzung war die Gründung der Strafanstalt in den ehemaligen Abteigebäuden. Schon die Preußen hatten überlegt, was man in der noch nicht sehr alten Anlage unterbringen könnte. Der von Kleinhanz erstellte Plan dient der Regierung in Düsseldorf auch 1811 als Grundlage. Da man einen Ersatz für die Strafanstalt in Düsseldorf sucht, werden zwei Alternativen geprüft: die ehemaligen Abteien in Werden und Siegburg. Schnell wird klar, dass Werden sich besser eignet. Im Juni 1811 stimmt Minister von Nesselrode dem Vorschlag zu, die ehemalige Abtei in ein Gefängnis umzuwandeln.

Ganz interessant in diesem Zusammenhang ist, dass das Torhaus auch 1811 als noch nicht vollendet beschrieben wird. Bevor mit dem Umbau begonnen werden kann, müssen die ehemaligen Conventualen sowie Kanzleidirektor Dingerkus und Landrichter Müller ihre Dienstwohnungen im Abteigebäude räumen. Die noch verbliebenen Conventualen werden im nördlichen Torhaus untergebracht und sind damit zufrieden. Dingerkus und Müller wehren sich gegen den Rauswurf. Insbesondere Dingerkus beruft sich auf das von der preußischen Regierung zugesicherte freie Wohnrecht.

Die Abtei als Gefängnis

Aus Essen wird der Unterprefect von Sonsfeld nach Werden geschickt „*um den Herrn Dingerkus zu disponieren, seine jetzige Wohnung auf das schleunigste zu räumen, wogegen derselbe von dem Tage der Räumung an, eine billige Miethe als Entschädigung für den Verlust der freien Wohnung genießen soll. Über die Bestimmung der Größe derselben wollen sie mit ihm eine gütliche Vereinbarung versuchen.*"[35] Als Entschädigung werden ihm 80 Reichsthaler jährlich an geboten, die sogar im Voraus ausgezahlt werden können.

Dingerkus ist betrübt und formuliert seine Bedenken am 29. Juni 1811 in einem Brief an den „*Hochgeborenen Herrn Reichsgraf, gnädiger Herr Minister*"....und schreibt u.a... „*da ich in meiner langen Dienstzeit so manniges Opfer dem Wohle des Staates dargebracht habe, so will ich auch dieses – wiewohl es für mich in Hinsicht auf mein mühseliges Alter und auf meine 58jährige Bewohnung dieses Hauses das schmerzlichste von allen ist – demselben darbringen*".[36]

Er willigt aber letztendlich ein und verlässt seine Dienstwohnung nach vielen Jahrzehnten, um in den Familienwohnsitz in der Grafenstraße 49 „Im Himmel" umzusiedeln. Dieser war bisher vermietet und wird als Lehen genutzt. Erst 1833 kommt es in den Besitz der Familie Dingerkus.

„Da wo zum Chor die Mönche walleten, arbeiten jetzt Räuber und Verbrecher aller Art; aus dem Gotteshaus ist ein Zuchthaus geworden, und dieses durch die Stiftung Benedicts entstandene Gebäude, ist jetzt der Menschheit auf eine ganz andere Art nütze".

J. A. Engels in seiner „Reise nach Werden"

Der Preußenflügel heute

Für Landrichter Müller ist die Situation etwas schwieriger. Er hatte von den Preußen das sogenannte *„Abtsgärtchen mit daran stoßendem abteilichen Nebengebäude und einen Miststall"*[37] auf Erbpacht angemietet. Er ist als Bediensteter der Französischen Verwaltung auch seinem Dienstherrn verpflichtet. Es wird sogar erwartet, dass er, falls notwendig, seine Privatwohnung zur Abhaltung des Gerichts zur Verfügung stellt, bis die vorgesehenen Räume im Rathaus umgebaut sind. Müller will sich wohl nicht den Zorn seines Arbeitgebers zuziehen und beugt sich. Was ihm im Übrigen auch zugutekommt, da er 1811 zunächst für eine höherwertige Tätigkeit nach Düsseldorf beordert wird und später von den Preußen zum Appelationsgericht nach Köln befördert wird. 1830 stirbt er mit 76 Jahren hoch angesehen in Köln.

Der Umbau in ein Gefängnis bringt auch Vorteile für die Handwerker vor Ort. Vom Bauinspektor über Schreiner bis hin zur Putzfrau sowie verschiedenen Tagelöhnern profitieren auch die Werdener hiervon. *„Der größte Einzelposten ist jedoch dem Schlossermeister Hicking vorbehalten, der die Fenster mit Stäben und Mittelbrücken vergittert, schwere Schlösser und Schließwerk anbringt".*[38] Was für ein schöner Auftrag. Am 1. November 1811 werden 400 Gefangene aus Köln und Düsseldorf überführt. Werden hat nun eine Strafanstalt.

Hier saßen allerdings keine Schwerverbrecher ein, sondern *„Nichtsesshafte und Diebe sowie anderes Gesindel"*. Die Preußen übernehmen ab 1813 die Herrschaft und führen die Strafanstalt weiter bis 1927. Ausbauten erfolgen auch mit den sogenannten Preußenflügeln. 1847 entsteht der Südflügel für ein Lazarett und Wohnungen; 1854 als Gegenstück der Nordflügel für eine Kaserne und die Kirche. Ludger Fischer beschreibt die Neubauten mit den charakteristischen Türmchen sehr schön. *„Der feudale Palast erhält den Ausdruck einer Festung der Sicherheit und Ordnung"*.[39] Der Südflügel wird leider 1969 abgerissen, weil man die barocke Wiederherstellung der Abtei plant. Das gleiche Schicksal soll auch der Nordflügel erleiden. Dieses wird von Studenten und Werdener Bürgern durch einen Dauerprotest in den 1990er Jahren verhindert.

Es ist aus heutiger Sicht als Glücksfall zu bezeichnen, dass für die alten Abteigebäude eine Nutzung als Gefängnis gefunden wurde. Nicht auszudenken, dass von der gerade erst fertiggestellten barocken Residenz nichts mehr übrig bleibt, weil keine „sinnvolle" Verwendung zu finden ist. So erging es übrigens nach der Säkularisation vielen Abteien und Stiften insbesondere im süddeutschen Raum. In Werden hatte man mehr Glück. Auch die heutige Nutzung durch die Folkwang Universität darf als Geschenk angesehen werden. So ändern sich die Zeiten: Von Äbten und Benediktinermönchen über Gefängnisinsassen zu kreativen Gestaltern, Tanz- und Musikstudenten. In der ehemaligen Kapelle ist heute das Pina-Bausch-Theater untergebracht.

Trotz der geschilderten positiven Entwicklung durch das neue Gefängnis ist die Stimmung in der Bevölkerung nicht besonders gut. Die massiven gesellschaftlichen Veränderungen und ständig wechselnde Herrschaften haben die Menschen zermürbt. Hungersnöte gestalten das Leben schwierig und Diebesbanden machen die Gegend um Werden und Kettwig unsicher.

Mitte 1813 beginnt für Napoleon mit dem Feldzug gegen Russland der Niedergang.

Das Ende der Herrschaft Napoleons

In der Völkerschlacht bei Leipzig im Oktober 1813 stehen sich Napoleon und die alliierten Kräfte mit 500.000 Soldaten in einer der größten und blutigsten Schlachten der Weltgeschichte gegenüber. Napoleon musste sich in der Völkerschlacht der Allianz aus Preußen, Russland, Österreich, Schweden und England geschlagen geben. Aber er hatte mehr als nur eine Schlacht verloren. Der Rheinbund (16 deutsche Fürsten bildeten mit Napoleon eine Militärallianz) löste sich endgültig auf. Das Königreich Sachsen, bis zuletzt mit Napoleon verbündet, war ebenfalls besiegt und büßte durch die Beschlüsse des Wiener Kongresses 1815 die Hälfte seines Territoriums und seiner Bevölkerung ein. Für Napoleon bedeutete die Niederlage von Leipzig das Ende seiner Herrschaft über Europa.

In Düsseldorf und Werden rücken die französischen Truppen und Gendarmen Anfang November 1813 sehr schnell ab. Es wird ihnen zu unsicher. Alliierte Truppen übernehmen das Kommando. Offiziell endet die französische Herrschaft an Rhein und Ruhr am 9. November 1813. Im Wiener Kongress von September 1814 bis Juni 1815 werden die Staaten und Grenzen in Europa neu geordnet. Essen und Werden sind – nach dem Zwischenspiel von 1802 – 1806 ab 1815 nun endgültig Bestandteil des Königreichs Preußen.

Doch was kommt nun und wie ist die Situation im kleinen Städtchen an der Ruhr? Das wirtschaftliche Leben ist fast zum Erliegen gekommen. Die Kontinentalsperre Napoleons hat auch in Werden ihre Spuren hinterlassen. Erst langsam erholt sich die Abteistadt hiervon. Dazu beitragen kann die aufblühende industrielle Produktion von Tuchen, die Ruhrschifffahrt in einem geeinten Preußen und der Kohlebergbau, der durch das Bergamt im Essen-Werdenschen Gebiet neu organisiert und kontrolliert wird.

Was hat die Herrschaft Napoleons gebracht?

Durch die kriegerischen Auseinandersetzungen gibt es viele Tote zu beklagen. Die wirtschaftliche Situation ist sehr schwierig. Unstrittig ist aber auch, dass die Herrschaft Napoleons das Leben der Menschen in Europa und auch im Ruhrtal nachhaltig positiv verändert hat. Aus einer durch Adel und Kirche geprägten Gesellschaft entwickelt sich ein aufstrebendes Bürgertum und florierendes Handwerk. Als wichtige Veränderungen sind zu nennen:

- die Vorrechte des Adels werden beschnitten
- kirchliches Eigentum wird abgeschafft, die Macht der Kirche wird beschnitten
- es gilt die Religionsfreiheit, bisher war dies vom Landesherrn abhängig
- das persönliche Eigentum soll gesichert werden, was insbesondere dem Bürgertum gefällt
- das Zunftwesen wird abgeschafft, die Gewerbefreiheit eingeführt
- das französische Bürgerliche Gesetzbuch – der Code Napoleon – wird eingeführt

- es besteht die Gleichheit aller Untertanen vor dem Gesetz
- Auflösung zahlreicher Kleinstaaten zugunsten größerer Staatsgebilde wie Preußen, Württemberg und Bayern; Vorhandene Barrieren werden abgebaut, wirtschaftliches Handelns wird einfacher. Die Industrialisierung beginnt zaghaft

Für den Großteil der Menschen verbessert sich die Lebenssituation. Auch die Intellektuellen dieser Zeit beurteilen das Wirken Napoleons zunächst positiv. Für Hölderlin ist Napoleon *„der Herrlichste"*; Hegel rühmt ihn als *„Weltseele"* und der kritische Heine spricht von einem *„großen Kaiser"*.

Der Historiker Thomas Nipperdey beschreibt das so:

> *„Am Anfang war Napoleon. Die Geschichte der Deutschen, ihr Leben und ihre Erfahrungen in den ersten Jahren des 19. Jahrhunderts, in denen die Grundlagen eines modernen Deutschland gelegt worden sind, steht unter seinem gewaltigen Einfluss".*[40]

Und mittendrin Johann Everhard Dingerkus mit seinem Gartenhaus in Werden an der Ruhr.

Das Ruhrtal ist preußisch - Rheinland oder Westfalen?

Werden und Essen sind nun preußisch. Aus den alten westfälischen Orten werden rheinische Städte - zumindest verwaltungstechnisch. Das ist bis heute so geblieben. An der Grenze zwischen den beiden Landesteilen ist man eigentlich nirgends so richtig verortet. Weder im Rheinland noch in Westfalen. So wie zu Ludgerus Zeiten, als die Grenze zwischen Franken und Sachsen hier ebenfalls an der Ruhr verlief.

In Werden und Kettwig tendieren Sprache und Traditionen eher zum bergisch-kölnischen Kulturkreis. Eine gewisse Abneigung gegen das „biedere" Essen hat es immer schon gegeben. Sicher unbegründet. Schließlich trafen sich Essener und Rellinghauser Stiftsdamen und Werdener Mönche alljährlich zum Markusfest in Bredeney. Ein Gedenkstein am Markuspfad erinnert noch heute daran.

Werden 1802 nach einer Skizze von Reutter

Ansicht der Stadt Essen aufgenommen im Jahre 1775 durch den Canonicus F.P. Biesten

Saarn um 1800, Johann L. Bleuler

Blankenstein um 1800, Johann L. Bleuler

Die Preußen nehmen Besitz – aus Reisebeschreibungen preußischer Beamter und Reisender

In Berlin und Potsdam kennt man das Ruhrtal nicht. Es ist weit weg. „Was erwartet uns dort in der westfälischen Provinz?" wurde vermutlich gefragt. Reisebeschreibungen aber auch Gemälde des romantischen Ruhrtals halfen, diese Fragen etwas aufzuhellen.

Justus von Gruner aus dem Kreis um Hardenberg und vom Stein (die preußischen Staatsreformer) beschreibt 1803 das Stift Essen und die Abtei Werden in *„Meine Wallfahrt zur Ruhe und Hoffnung oder Schilderung des sittlichen und bürgerlichen Zustandes Westphalens am Ende des achtzehnten Jahrhunderts"*.[41]

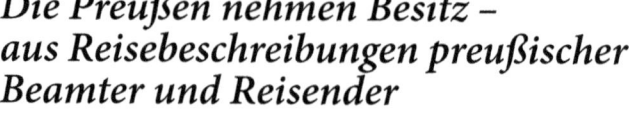
Justus von Gruner

Gruner besucht eine guten Freund in Essen und formuliert: *„Sey mir gegrüßt, mit all deinen Mängeln und Gebrechen – mit deinem vielfachen Elende gesegnet meinem Herzen – letzte unter den Städten Westphalens"*.

Es gibt nicht so Nettes…

„Auch allen Bequemlichkeiten des Lebens, muß man in Essen entsagen. Schmuzzigere Gasthöfe, schlechtere Bewirthung und gröbere Wirthe trifft man in ganz Deutschland nicht an. Ein Hamburger Pakträger könnte hier für einen Mann von höflichem Weltton gelten".

…aber auch Gutes zu berichten.

„Auch in dem entlegensten Winkel halten gute Menschen ihre sichtbaren Logen. So fand ich diese selbst in Essen, wo Weisheit und Sittlichkeit nur wenige Freistätten haben. Mein Freund machte mich mit der edlen Koppstedtschen Familie[42], die mir bei ihrer individuellen Trefflichkeit, als ein Zweig der Familie des hohen Geistlichen Jacobi, doppelt theuer ward, bekannt. Durch ihn lernte ich einen zweiten Johannes, an dem gefühlvollen und wahrhaftigen Prediger Natorp[43] und an dessen Gattin ein Muster freundlicher Häuslichkeit kennen – schöne Stunden, die ich im Kreise dieser edlen Menschen verlebte".

Er macht sich mit seinem Freund auf den Weg nach Werden und schreibt:

"Langsam waren wir den abwechslungsreichen Weg durch Wiesen und Kornfelder fortgewandelt, und kaum glaubte ich, dass meine erschöpften Glieder mich noch weiter tragen würden, als gleich einer himmlischen Ahndung, ein kühler Wald uns umfing, der uns allmählig, in eine Thaltiefe führte, und plötzlich sich öffnete, um uns, entzükt von Freude und Überraschung, mit neuer Labung und Stärke zu beseelen. Wie im vollen Reiz der prangenden jugendlichen Schönheit, von der sanften Gluth der Schaam erröthend, traulich die Geliebte sich an den Busen des festeren sie liebevoll schüzzenden Mannes lehnt; so lag umflossen von dem hohen Schimmer der Abendsonne, die Stadt und Abtei Werden hingelehnt an ein fruchtbar geschmückt sich erhebendes Gebirge, vor uns da. Zu ihren Füßen wälzte sich, wie wonnetrunken, der glühende Strom der Roer rauschend durch die ihn sanft einfassenden kühlen Wiesenthäler".

Aber auch hier ein mahnendes Wort:

Für den Unterricht und die Bildung des Volkes ist sehr schlecht gesorgt. Die katholischen und protestantischen Schulen in der Stadt sind äusserst elend; die Landschulen zum Theil etwas besser.

Im Durchschnitt sind die Werdener wohlhabend, und scheinen mit ihrem Schicksale zufrieden, was bei ihrer stetigen Thätigkeit und wenigen Bildung natürlich ist. Auch haben Sie es in der That noch besser, als viele andere geistliche Unterthanen. Aber ein guter weltlicher Fürst würde diesen kleinen, glücklich gelegenen Landstrich mit seinen fleißigen Bewohnern zu einem Erdenparadiese umschaffen, in dem ich mich ansiedeln mögte, um der Natur an einem ihrer schönsten Altäre zu huldigen....

Der Kammerdirektor von Rappard[44] ist als preußischer Zivilbeamter Leiter der Zivilcommison der sogenannten Entschädigungsländer und beschreibt 1804 in seinem Reisejournal die Situation und Zustände im Stift Essen und der Abtei Werden.

Hier geht es weniger um die landschaftlichen Schönheiten als um die für Preußen wichtigen Dinge des Lebens:

Wie ist die Verwaltung organisiert? Wie ist die Kassenlage? Wie ist die bauliche Situation? Wie sind die Verkehrswege und floriert die Wirtschaft? Insgesamt eine wunderbare Lektüre, die hier aber nur in Ausschnitten wiedergegeben werden kann.

In Essen sind die Kassenbücher ganz ordentlich geführt, die Registratur mit Einschränkungen in Ordnung. Das Rathaus bedarf der baulichen Renovierung.

Hierfür wird ein gewisser Kleinhanz[45] aus Werden beauftragt.

„Das Pflaster in den Straßen ist durchgehend schlecht und so beschaffen, dass es selbst zur Abend- und Nachtzeit nicht betreten werden kann. An Steinen fehlt es indessen nicht, da überall eine Menge große Mauern vorhanden, welche abgebrochen und die Steine zum Pflaster gebracht werden könnten. Die Verlegung der Kirchhöfe aus der Stadt, besonders der der Münsterkirche, wird sehr gewünscht, um dadurch einen größeren Platz entweder zum Markte, da der jetzige sehr klein ist, oder doch zum Vergnügen nämlich zur Promenade, woran es hier fehlt, zu erhalten".

Es wird auch vorgeschlagen die St. Quintins Kapelle auszureißen, um Platz zu schaffen und Baumaterial zu haben. Sie wird offensichtlich kaum noch gebraucht und 1817 auch abgerissen.

Weiter heißt es: *„Das abteiliche Gebäude ist unbewohnt und ganz dazu geeignet, das Oberbergamt darin aufzunehmen, in dem eine hinreichende Anzahl großer Zimmer, unter anderem zur rechten hand ein großer Saal vorhanden, der allein beinahe hinreichenden Raum für dieses Collegium darbietet".* Hierzu kommt es jedoch nicht, da die Gebäude in einem schlechten Zustand sind. Die Beschreibung zeigt, dass man bemüht ist, das mittelalterliche Stadtbild zu verändern, um Platz zu schaffen für eine größere, moderne Stadt. Die nicht mehr „notwendige" Stadtmauer, aber auch Kirchen werden beseitigt. Das trifft übrigens auch auf Werden zu, wo man die Nikolauskapelle sowie die Clemenskirche „auf Abbruch" verkauft. Die Stadtmauern und später das Kastell werden für den Bau neuer Häuser bzw. Straßen und auch beim Bau der Ruhrbrücke benötigt. Auch hier verändert sich das mittelalterliche Stadtbild.

Über das Ruhrtal und das Städtchen Werden schreibt von Rappard vorwiegend lobende, aber auch kritische Worte:

„Bei meiner Ankunft in Werden, fand ich die ganze Stadt im Taumel sinnlicher Belustigungen. Es war Kirmes, welche drei Tage währt. So sehr auch sonst kleine Volksfeste, die auf einen Tag beschränkt werden, zu billigen sind. So führt doch das hiesige Wesen zu Unordnungen allerlei Art und bringt die in Fabrik und Gewerbe arbeitende Volksklasse um Vermögen und stürzt dieselbe wohl gar in Schulden.

Man wird daher sein Augenmerk darauf richten müssen, diese Unordnungen abzustellen und angemessene Einschränkungen eintreten zu lassen. Es scheint überhaupt der herrschende Charakter dieses Volkes eine starke Tendenz für den sinnlichen Lebensgenuß zu haben".

Die Zeit ist geprägt durch massive Umbrüche in Staat und Gesellschaft. Und was machen die Werdener? Sie feiern drei Tage Kirmes. Es gibt bei 2.500 Einwohnern insgesamt 47 Brauereien und Brennereien. Ein lustiges Völkchen. Der „Meißner" von 1623 bietet einen Blick vom Kanonenberg auf Werden in Westphalen. Das Bild zeigt eine etwas ältere Situation aus dem 17. Jahrhundert, passt aber sehr schön.

Unter dem Bild steht:

„Wo die Bachpfeif zur Hochzeit klingt, da selbst der Bauer mit Freuden springt - Ein ehrlich Freud zu jeder Frist von Gott selbst zugelassen ist".

Meißner 1623

Typisch Werden: wenn der liebe Gott dieses zulässt, kann man wohl auch mal ordentlich feiern. Das ist bis heute so geblieben. Karneval und Ludgerusfest sind auch im 21. Jahrhundert fester Bestandteil des kulturellen Lebens.

Auch in Werden verändert sich das Stadtbild. Es heißt:

> *„Der Plan zum Ausbau der Stadt, welche außerordentlich volkreich ist, so dass mehrere Familien und eine Menge Menschen oft in einem kleinen Hause gepfropft zusammenwohnen, könnte sehr leicht erfüllt werden, wenn der probsteiliche Garten sowie die in der Nähe gelegenen Domainengrundstücke dazu hergegeben und in Erbpacht oder Erbzins zur Bebauung ausgetan würden".*

So kommt es schließlich auch. Die am Markt stehende Nikolauskapelle wird 1805 - wie erwähnt - nicht mehr gebraucht und abgerissen. Hier und auf den dahinterliegenden Ostwiesen und abteilichen Teichen wird die neue Straße nach Velbert gebaut. Man verspricht sich hiervon, dass insbesondere die wirtschaftliche Verbindung ins bergische Land nach Velbert und Elberfeldt gestärkt wird.

In der Abtei wird gemeinsam mit Landrichter Müller alles in Augenschein genommen. Die Registratur befindet sich in sehr guter Ordnung. Die wertvolle Bibliothek mit 11.000 Bänden soll gesichert werden.

Von Rappard schreibt:

> *„Möchte nur dieser Schatz von Gelehrsamkeit hier, wo er dem Verderben preisgegeben ist, nicht länger verbleiben, sondern recht bald eine zweckmäßige Bestimmung erhalten. Eben dieses wäre in Ansehung der schönen abteilichen und sonstigen Gebäude zu wünschen, die sonst, wenn nichts angelegt wird, verfallen müssen. Es steht nicht zu erwarten, dass dazu sich ein Käufer finden werde, weil das Ganze zu groß und zu kostbar in der Unterhaltung ist. Das Beste würde sein, die Gebäude in einzelne Partien zu verteilen und sie so zum Verkauf auszusetzen".*

Der ehemalige abteiliche Baumeister Engelbert Kleinhanz erstellt (wie in Essen) im Auftrag der Preußen den „Situationsplan der ehemaligen Abtey Werden". Gleichzeitig bittet er um Überlassung von abteilichen

Gebäuden, um dort eine Baumwollspinnerei zu betreiben. Dieses wird abgelehnt. Schließlich kommt man 1811 dazu, ein Gefängnis – zunächst durch die Franzosen – einzurichten. Die Werdener Bibliothek wird zu einem Teil verkauft, ein Teil nach Münster ins Archiv gebracht und der Rest der späteren Pfarrgemeinde überlassen.

Reisebeschreibungen des Johann Adolf Engels 1813[46]

Eine sehr interessante Lektüre bietet J. A. Engels mit seiner Reise nach Werden, Duisburg und Essen. Ihm haben wir die wunderbaren Stadtansichten von Kettwig und Werden zu verdanken, die der Düsseldorfer Akademieprofessor Gottlieb Thelott vermutlich erstmalig für diese Publikation erstellt hat. Engels ist eine interessante Persönlichkeit. Sein Vater betrieb mit dem Werdener Abt Anselm die erste Ruhrschifffahrtsgesellschaft. Er selber war Papiermacher und erfand ein besonderes Papier zur Herstellung von Kupferstichen (s. Thelott). Bei kritischer Betrachtung könnte man seine Reisebeschreibungen wohl eher als eine überzogene Werbebroschüre für seine Papierfabrik und seine Heimat ansehen. Seine Landschaftsbeschreibungen spiegeln jedoch den Zeitgeist wieder und sollen deshalb hier genannt werden.

Das Ruhrtal bei Saarn, J. L. Bleuler

Er schreibt:

> *„Die ganze Gegend ist reich an malerischen, romantischen und mitunter fürchterlichen Schönheiten. Es sind gleichsam treffende Miniatur Gemälde der Schweiz und des Rheins. Wer einen wahren Naturgenuß erleben will, der gehe von Kettwig über das rechte Ruhrufer nach Werden und mache den Weg über die andere Seite längst Oefte….In Werden sah ich das neue Zuchthaus; es ist für das ganze Großherzogtum Berg eingerichtet; die Einrichtung sowohl, als die Behandlung der Züchtlinge ist äußerst lobenswert!"*

Woher er diese Erkenntnis hatte, bleibt offen. Weiter geht es:

> *„Die mannichfachen Abwechselungen der Felder, Wiesen, Büsche, einzelnen Landhäusern und großen Bauernschaften, der Schleusen und Kohlenmagazine und das volle Leben in dieser blühenden Gegend von den überall beschäftigten Landleuten, den Pferden, Kühen, Bergleuten und Kohlenschiffen, die den Strom hinauf und herunter fahren, sind so groß, dass wo sich das Auge nur hinwendet, es überall volle Bewegung, Leben und Abwechselung findet: beschreiben läßt sich so etwas nicht, man muß es selbst sehen und der herrlichste Genuß wird Jedem zu Theil werden".*

Was für wunderbare Formulierungen, die sicher auch – wie schon erwähnt - unter dem Einfluss der Romantik entstanden und zu verstehen sind. Die Grundthemen der Romantik wie Gefühl, Leidenschaft und individuelles Erleben werden hier angesprochen. Man wollte raus aus der engen Stadt in die freie Natur. Wie sagt es Engels: *„das volle Leben in dieser blühenden Gegend"*. Man spürt, das alles erwacht. Hiermit sind sicher die Anfänge der Industrialisierung gemeint. Die Auswirkungen auf Mensch und Landschaft werden sich sehr bald zeigen.

Eine sehr rührende Beschreibung liefert 1824 Fürst Hermann von Pückler-Muskau[47]. Der Schöngeist und große Gartenbaukünstler war zu Besuch bei Goethe und ist auf dem Weg nach England. Station macht er auch im Ruhrtal und schreibt:

> *„Die Gegenden, durch welche mein Weg führte, gehörten einer anmutigen und sanften Natur, besonders bei Stehlen* (Steele) *an der Ruhr, ein Ort, für den gemacht der sich vom Getümmel des Lebens in heitre Einsamkeit zurückzuziehen wünscht. Nicht satt sehen konnte ich mich an der saftig frischen Vegetation, den prachtvollen Eich- und Buchenwäldern. Ich dachte lachend, dass, wenn einem prophezeit würde, an der Ruhr zu sterben, er sich hier niederlassen müsse, um auf angenehme Weise diese Prophezeihung zugleich erfüllen und zu entkräften".*

Auch wenn es etwas aus dem zeitlichen Rahmen dieses Buches fällt, darf der Besuch von Felix Mendelssohn Bartholdy[48] in Jahre 1834 nicht vergessen werden. Er ist Generalmusikdirektor in Düsseldorf und kommt mit dem Pferd von Mülheim-Saarn in die Abteistadt, um die soeben erbaute neue evangelische Kirche (im Haus Fuhr) zu besuchen und die Orgel zu inspizieren. In einem Brief an seine Eltern heißt es:

„Tags darauf ritt ich von da (von Saarn) *weiter nach Werden, einem allerliebst gelegenen Orte, wo ich eine Orgel zu untersuchen hatte. Die ganz Gesellschaft fuhr mit; es wurde Kirschkuchen aus dem Wagen aufs Pferd gereicht, in Werden im Freien genossen, auf der Orgel erging ich mich in Phantasien und Sebastian Bächen, dann wurde in der Ruhr gebadet, so kühl und abendlich, dass es eine Wonne war; dann ritt ich sehr behaglich wieder nach Saarn.*

Beim Baden in der Ruhr war es apart schön;…dann kam man gleich am Ufer bis an den Hals ans Wasser, dann waren die bewachsenen Berge gegenüber von der Abendsonne beschienen, und der kleine Fluß, der nur sehr langsam fließt, ganz kühl und schattig und recht in Deutschland fühlte ich mich, als ich hinüberschwamm und ein Mann der am anderen Ufer ging, sogleich stand still, und eine ordentliche Conversation mit mir anfing, der ich im Wasser lag und pustete, ob ich da wohl Grund hätte und ob Schwimmen wohl recht schwer sei"?

Auch Felix Mendelssohn-Bartholdy war sehr angetan vom schönen Ruhrtal und merkt freudig an, dass man sogar eine ordentliche Konversation betreiben kann mit den hiesigen Einwohnern. Man stelle sich die Situation vor. Der rastlose große Künstler in den Wellen der Ruhr, umgeben von den Ruhrhöhen und der untergehenden Abendsonne.

Der geneigte Leser wird sicher schmunzeln über diese Zeilen von Gruner, von Rappard, Engels, Fürst Pückler und Mendelssohn Bartholdy. Wir sind heute - 200 Jahre später - in der glücklichen Lage, trotz aller Veränderungen, das Ruhrtal auch genießen zu können. Die Folgen der Industrialisierung sind an vielen Stellen sichtbar. Insbesondere im Bereich zwischen Steele und Kettwig bieten die Wehre, Schleusen, Wasserüberläufe, Mühlen und Industriegebäude wie Vogelsang in Steele, das Spillenburger Wehr oder die Neukircher Mühle interessante Ansichten, die im Zuge der Industrialisierung entstanden sind.

Probieren Sie es aus, wenn Sie das nächste Mal in der Abendsonne am Ruhrufer stehen. Schauen Sie sich um, und erinnern Sie sich an die schönen Worte unserer Protagonisten.

Aussichtspunkte und besondere Orte im Ruhrtal - Siehe Fundgrube

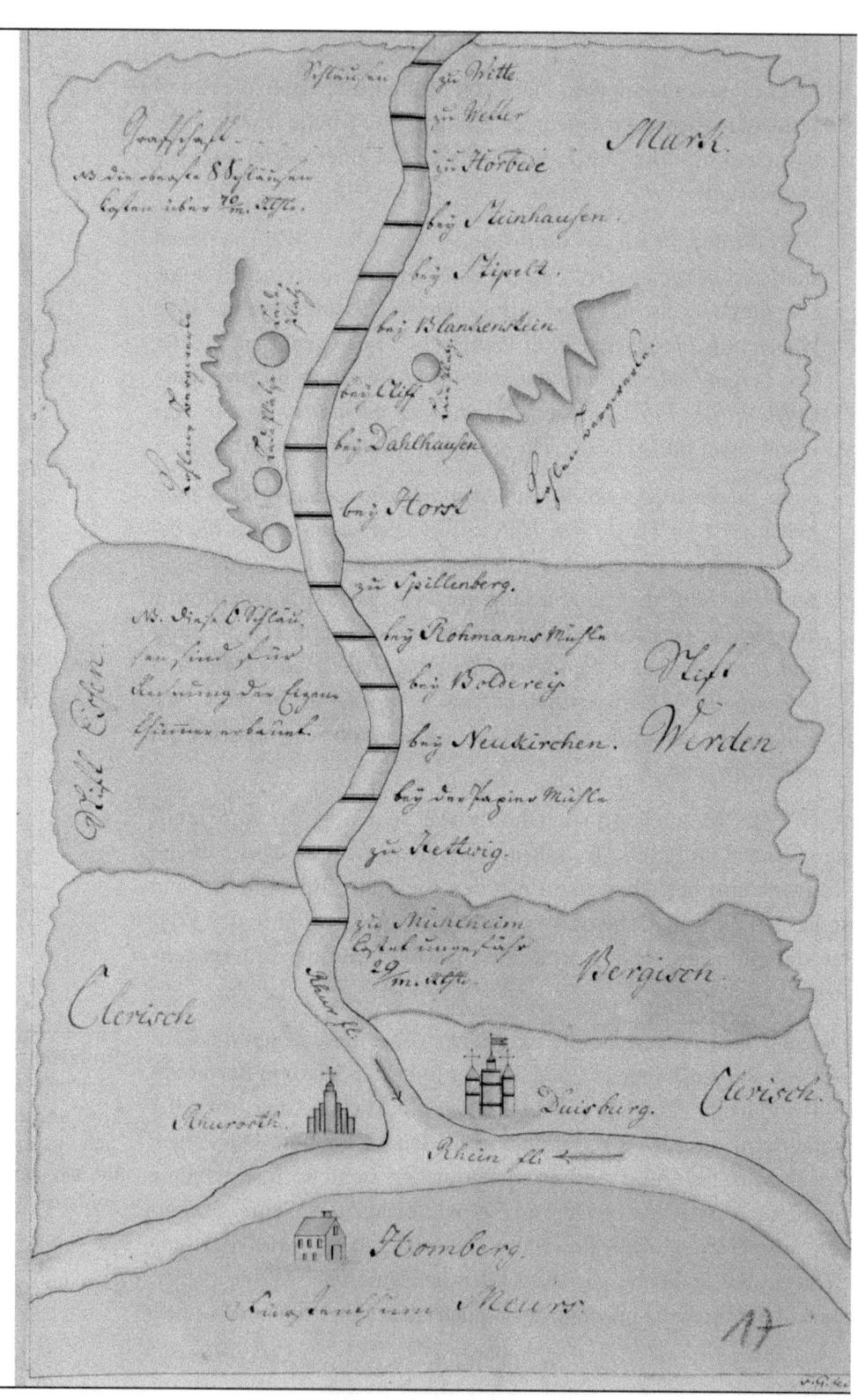

Die Ruhrschleusen im 18. Jahrhundert mit den Anliegerstaaten.
Stadtarchiv Wesel

Wirtschaftliche Situation zwischen 1750 und 1815

Die Schiffbarmachung der Ruhr im 18. Jahrhundert

Die Abtei Werden besitzt zwar seit dem Jahr 1033 das Recht, von der Mündung der Ruhr bei Duisburg bis in ihr Hoheitsgebiet Schifffahrt zu betreiben. Die Nutzung des Wasserweges ist auf Grund der besonderen Bedingungen der Ruhr (starkes Hoch- bzw. Niedrigwasser, Eisgang im Winter) zunächst sehr gering. Erste Ideen für eine regelmäßige Ruhrschifffahrt gibt es schon 1735. Der preußische König lässt ein Gutachten erstellen, das die Schiffbarmachung der Ruhr empfiehlt. Die Anliegerstaaten wie das Stift Essen, die Abtei Werden, die Herren von Broich und das Herzogtum Berg lehnen es 1754 ab, weil sie Einnahmeverluste bei den Zöllen und Mühlenrechten befürchten.

Gemeinsam mit dem Papierfabrikanten Hermann Wilhelm Engels aus Kettwig gründet die Abtei Werden 1770 eine eigene Transportgesellschaft mit Ruhraaken - St. Ludgeri & Cie - und betätigt sich wirtschaftlich.

Die Ruhraaken transportieren Kohlen von Werden nach Kettwig und von dort über Land weiter ins Bergische und nach Köln. Das Unternehmen ist nicht wirtschaftlich und leidet auch unter den schwierigen Verhältnissen der Ruhr. Es gab bereits Wehre oder Schlachten (Schlagden), um das Wasser aufzustauen.

Neben dem Betrieb der Mühlen und für den Fischfang dienen sie später auch dem Umladen von Transportgut. Das ist sehr beschwerlich und aufwendig. Das Unternehmen endet mit dem Tod Abt Anselms im Jahre 1776. Sein Nachfolger will sich nicht mehr wirtschaftlich betätigen, weil es mit den Regeln eines Benediktinerordens nicht vereinbar sei.

Schlagd Hattingen

Erst der Bau der 16 Ruhrschleusen ab 1776 unter Führung der preußischen Regierung und den anderen Landesherrn (dem Werdener Abt und den Essener Äbtissinnen) macht die Ruhrschifffahrt auch wirtschaftlich interessant.[49] Die 220 km lange Ruhr (Roer) entspringt bei Winterberg im Sauerland. Für die Schiffbarmachung eignen

Kohlenumschlag an der Ruhr, Wilhelm Pippert, Ausschnitt aus einem Wandgemälde des früheren Heimatmuseums in Essen

sich nur rund 80 Kilometer, von Langschede bis Ruhrort. Hier gibt es ein Gefälle von immerhin 55 Metern.

Für die Preußen ist dieser Ausbau wichtig, da sie Salzsalinen in Königsborn bei Unna haben und die Kohlevorkommen aus dem Märkischen auf der Ruhr bis zum Rhein transportieren können.

Nach der Säkularisierung sind sie ohnehin die uneingeschränkten Herrscher an Rhein und Ruhr.

Die Kohlen wurden an der Kohlenniederlage – Lagerplatz an der Ruhr – von den Schiffen übernommen. Meist hatte jede Zeche eine eigene Niederlage. Von der Zeche wurden die Kohlen durch Laufkarren oder Hunten dorthin transportiert. Später gab es auch erste Eisenbahnen wie die Prinz-Wilhelm- Bahn oder die Muttentalbahn, welche die Kohle von mehreren Stollen zur Niederlage – also ans Ruhrufer - brachten.

Wie formuliert es 1886 Wilhelm Flügge über die Schiffbarmachung der Ruhr:

„Die Ruhr, unser freundlicher Fluss ist nicht immer so ruhig und sicher gewesen, wie jetzt. Vor dem Jahre 1770 war es ein wild über Felsen dahin schießender Gießbach, der jährlich die nebenanliegenden Felder verwüstete und noch keinen einzigen Nachen (gemeint ist eine Ruhraake) *getragen hatte, kurz: er war völlig unnütz und sogar schädlich. Und blickt man jetzt auf die Ruhr, wie muss man da nicht staunen, dass in so kurzer Zeit von achtzig Jahren - (vom Beginn des Schleusenbaus) alles so ganz umgewandelt werden konnte, dass tausende von Menschen ihr tägliches Brot dadurch verdienen und das Ruhrtal mit jenem des Rheins an Schönheit und Pracht wetteifert".*

Schleuse Neukirchen „Weiße Mühle"

1795 stirbt Hermann Wilhelm Engels aus Kettwig, der Pionier der Ruhrschifffahrt.

Sein Sohn Johann Adolf Engels (Autor der Reise nach Werden) hält die Trauerrede:

> *„Es scheitern of die besten Pläne, wenn sie über unsere Kräfte reichen, sie mögen noch so klug durchdacht, noch so vorsichtig, noch so muthvoll ausgeführt werden. Wenn wir sie nicht durch und durch selbst durchführen können, dann sind wir nie sicher, weil wir bei unseren Unternehmungen weder auf das Glück, noch auf die Hülfe anderer Menschen mit Zuverlässigkeit bauen dürfen".*

Eine sehr pessimistische, aber nachvollziehbare Sichtweise. Hermann Wilhelm Engels war sicher einer der Wegbereiter der Ruhrschifffahrt. Er und Abt Anselm hatten erkannt, welches Potential im Betreiben eines geregelten Schiffsbetriebes liegt. Sie hatten jedoch weder die finanziellen noch die personellen und technischen Voraussetzungen, um ein solches Mammutprojekt umzusetzen. Erst mit dem Einstieg des Preußischen Königs kam das notwendige Wissen ins Ruhrtal. Und der Erfolg begann mit dem Bau der Schleusen zwischen Langschede und Ruhrort. Auf Werdener Gebiet gab es drei Schleusen: die Baldeneyer-, die Neukircher- und die Papiermühlenschleuse. Sie gehören der Abtei. Um eine wirtschaftliche Chancengleichheit herzustellen, wird später von der preußischen Verwaltung das Schleusengeld festgelegt. Je näher die Schleuse an der Ruhrmündung liegt, desto höher ist der Betrag. Man will die im oberen Bereich liegenden Schleusen nicht dadurch benachteiligen, dass die Transportwege und somit die Transportkosten höher sind als die der Konkurrenz an der unteren Ruhr. Es gab also schon zu Beginn des 19. Jahrhunderts erste Subventionen durch den Staat.

Für fast 100 Jahre (von 1790 – 1890) war die Ruhr der am meisten befahrene Fluss in Deutschland. 1853 gibt es für kurze Zeit sogar eine Personen-Dampfschifffahrt, die von Werden über Kettwig und Mülheim regelmäßig nach Ruhrort verkehrt. Der Erfolg bleibt aus, so dass sie sehr schnell wieder eingestellt wird. Heute ist diese Route wieder attraktiv. In der Freizeit kann man regelmäßig mit der „Weißen Flotte" vom Baldeneysee bis Ruhrort und von dort über den Rhein-Herne Kanal bis Essen-Karnap fahren.

Nachen

Was ist ein Nachen bzw. ein Ruhraak? Was ist ein Aakesbaas?

Nach dem Bau der Schleusen wurde die Schifffahrt zwar etwas einfacher, weil das Umladen entfiel, sie war aber immer noch gefährlich genug. Stromschnellen und Untiefen sowie sich ständig verändernde Wasserstände und Fließgeschwindigkeiten verlangen alles von der Schiffsbesatzung. Neben dem Kapitän und Steuermann – dem Aakesbaas - gibt es drei Schiffsgesellen, die mithelfen, dass Mensch und Ladung sowie der Ruhraak glücklich und sicher ans Ziel kommen. Es sind harte Burschen, diese Ruhrschiffer.

Auch ihre Sprache ist entsprechend. Wie beschreibt es Jürgen Meyer in seinem Werdener Lesebuch.[50]

„Auf einem Kohleofen an Bord der Schiffe kochten die Schiffer ihr Lieblingsgericht. Das hieß „Hammeleck", eine Kartoffelsuppe mit viel Hammelfleisch und „en Stängske Suppengrön". Auf dem Ofen dampfte aber auch ständig der Wasserkessel. Kaffee tranken die Aakesbaas so unmäßig wie den „Kloren" (Schnaps). *Mit einem Schluck aus der Pulle und kräftigen Flüchen. „De flucht wie en Aakesbaas" wurde so an der Ruhr zum geflügelten Wort. Das Leben der Schiffer war also knochenhart und nur mit einem „Kloren" und einem guten Priem* (Kautabak) *zu ertragen. Kop und Kunt waren zwei der wichtigsten Begriffe; Kop das war der Bug des Schiffes, Kunt – das war das Heck. Oder noch volkstümlicher de Fot".*

Es gibt eine kleine Kajüte an Bord, in der zwei Schlafplätze eingerichtet sind. Der schon zitierte Johann Adolf Engels beschreibt das so:

„Sie sind ganz unbedeckt und an dem Mastbaum ist nur eine kleiner Kasten (gemeint ist die Kajüte), *welches der Saal, das Speisezimmer und die Schlafstube der Schifferknechte ist. Kaum hat es so viel Platz, dass die Knechte gedrängt neben einander liegen können; dennoch brennt darin beständig ein Ofen, worauf sie ihr Wasser zum Kaffee und die Kartoffeln kochen, auch zuweilen Kuchen backen. Es ist in diesem Kasten unerträglich heiß, und wären die Matrosen nicht solche rohe und starke Leute, so würde die plötzliche Abwechselung der Nässe, Kälte und Hitze, der sie sich aussetzen müssen, ihre Gesundheit ganz zerstören".*

Die Ruhrnachen oder auch Ruhraaken waren Plattbodenschiffe ohne Kiel bis zu einer Länge von 34,50 Metern und einer Breite von fast 5 Metern. Sie passen exakt in die neu gebauten Schleusen und sind für die besonderen Verhältnisse auf der Ruhr gebaut.

> *„Sie sind aus Eichenbohlen doppelwandig angefertigt. Zur Stabilisierung waren seitlich im Wasser drehbare Schwerter angebracht. Die Segel dienten bei Fahrten auf dem Rhein und bei Bergfahrten zur Unterstützung der Pferde. Typisch war das ausgeprägte große Ruder".*[51]

Anfangs konnte diese Schiffe bis zu 90 Tonnen transportieren; später sogar bis zu 165 Tonnen. Über den starken Mast wurde ein Treidelseil von 400 Meter Länge geführt, das mit den Zugpferden am Leinpfad verbunden war. Bei der Befahrung des Rheins konnte ein zweiter Mast zur Besegelung eingesetzt werden; diese Form der Nachen wurden auch Rüderchen genannt. Bei Talfahrt und entsprechender Beladung waren die Manöver sehr gefährlich. Es kam immer wieder zu Zusammenstößen und Unglücksfällen. Insbesondere bei starker Strömung kippten die Schiffe nach Fahrfehlern auf Grund der enormen Kräfte einfach um.

Um 1840 befahren 377 Ruhraaken den Fluss. Hinzu kommen 1.508 Schiffer, 500 Pferde und 250 Treiber, 300 Austräger und 6 Lotsen. Pro Jahr werden im Schnitt 45 neue Schiffe gebaut. Nach Ludwig Henz kostete die Herstellung einer Ruhraake mit Ausstattung 1.425 Thaler.[52]

Die Wassermengen der Ruhr schwankten um das Dreißigfache. Vom Rinnsal bis zum reißenden Gebirgsfluss war alles möglich. Im Januar und Februar war die Schifffahrt durch Eisgang behindert, im Frühjahr durch Hochwasser. Im Sommer hingegen konnte man den Fluss bei Niedrigwasser an einigen Stellen zu Fuß überqueren. Im Durchschnitt konnte die Ruhr deshalb an 70-100 Tagen nicht befahren werden. Auch das war ein Nachteil gegenüber der Eisenbahn.

Ohne eine Vielzahl von Gesetzen, Verordnungen und Dienstanweisungen wäre ein geregelter Schifffahrtsbetrieb auf der Ruhr nicht möglich gewesen.

Ruhrtal bei Baldeney mit dem Fährhaus und Schloss Baldeney, 1920er Jahre

Der letzte Fährmann von Oefte in den 1970er Jahren

Beispielsweise sind in der Ruhr-Polizei Ordnung von 1846 die Anforderungen an den Zustand der Schiffe und das Personal genau festgelegt. Ruhrschiffer, Schleusenwärter, Pferdetreiber, Lotsen und Fährleute auf der Ruhr waren darauf angewiesen, dass eine gewisse Ordnung und Disziplin eingehalten wird, ohne die ein störungsfreier Ablauf nicht zu gewährleisten ist.

Es ist u.a. vorgeschrieben:

- Jedes zum Transport bestimmte Schiff wird von der Ruhr Commission auf seine Standfestigkeit und Tauglichkeit überprüft. Außerdem werden die Schiffe geeicht, um Betrügereien zu vermeiden.
- Von den drei Schiffsknechten muss der Vordermann mindestens zwei Jahre auf der Ruhr gefahren sein.
- Unfähig zur Schifffahrt sind alle diejenigen, durch deren grobe Fahrlässigkeit oder Unvorsichtigkeit ein Schiff wiederholt gesunken ist und welche sich öfter Trunkenheit bei Ausübung des Schifffahrtsdienstes schuldig gemacht haben. Das gilt auch für die Pferdetreiber.
- Jeder Fährmann bei einer Übersetzanstalt ist bei zwei bis zehn Talern Strafe gehalten, jedes Mal vor der Abfahrt der Ponte (Fähre) vom Ufer mit der Schiffsglocke zu läuten und sobald die Sonne untergegangen ist, eine Leuchte in einer Höhe von 12 Fuß auf der Ponte brennen zu lassen.
- Wenn ein Schiff in der Fahrbahn festfährt oder sinkt, so muss der Steuermann das zunächst stromabwärts kommende Schiff schleunigst hiervon durchs Sprachrohr oder Zeichen benachrichtigen.
- Auf den Schiffen darf nur in eisernen oder mit Steinen gemauerten geschlossenen Behältern Feuer unterhalten werden.

Interessant ist auch eine Stellenbeschreibung[53] für einen Schleusenwärter aus dem Jahr 1816:

*Korrektes Benehmen gegen Schiffseigner und Schiffsgesellen,
leserlich schreiben und „etwas" rechnen können,
nicht dem Trunk ergeben sein,
moralischer Lebenswandel,
keine Geschenkannahme, sonst Strafe
Kenntnisse des Zimmer- und Maurerhandwerks zur Reparatur
von Schleusentoren, tauen, Schmierung der Winden, Haspeln,
Ketten und Gestänge
Gesetzes Wesen, um die Vorschriften der Schifffahrtsbehörde
durchsetzen zu können.*

In Ruhrort, Mülheim und Werden sind Gendarme der Schifffahrtsverwaltung stationiert. In den Polizeiberichten wird immer wieder das Problem der Trunkenheit genannt. Auch der Diebstahl von Ladegut (Kohlen, Holz) und Materialien (Schiffstaue) waren häufige Delikte.

Ruhrbefahrungsprotokolle - Die Ruhrschiffahrtsdirektion

Regelmäßig wurden durch die Ruhrstromverwaltung zusammen mit den jeweilgen Bürgermeistereien Strombefahrungen vorgenommen, um den verkehrstechnischen Zustand festzustellen. Hierbei wurden notwendige Reparaturen und Neuanlagen festgelegt. Der zuständige Wasserbaumeister wurde mit den Arbeiten beauftragt. Eine besonders gefährliche Stelle war die scharfe Flusskrümmung der Ruhr bei „Kupperdrehe". Es gibt viele Unfälle und Tote. Die Kurve der Ruhr betrug hier etwa 180 Grad. Die Bürger nannten diese Drehung der Ruhr mundartlich *Kopperdreih*[54] bzw. Kupperdrehe. Hieraus wird später Kupferdreh, wohl auch wegen der seit dem 16. Jahrhundert existierenden Kupferhütten.

Beim Auslauf der Kurve vor dem Deilbach wurde am Ufer eine Reisighecke gepflanzt, um einen weichen Aufprall zu ermöglichen, falls die Fahrlinie nicht eingehalten werden kann. Die notwendigen Weidensträucher wurden auf der Schleuseninsel in Kettwig gezogen.

Es gab noch weitere Hindernisse. Bergauf wurden die Aaken getreidelt, d.h. vom Pferd über den Leinpfad und ein langes Seil, das am Mast befestigt war, gezogen. Wechselte nun der Leinpfad die Uferseite, mussten die Pferde auch die Seite wechseln. Diese Aktion wurde Überschlag genannt. Der Einsatz der Pferde war nicht unproblematisch, da die Tiere eine unnatürliche einseitige Belastung hatten. Nach ihrem Treideleinsatz waren sie für andere Tätigkeiten nicht mehr zu gebrauchen.

Die Fahrzeiten für die Transporte waren sehr unterschiedlich. Immer abhängig von der Ladung des Schiffes und den Bedingungen von Hoch- oder Niedrigwasser.

Durch die weitere Regulierung des Flusslaufes in den 1930er Jahren und den Bau der Ruhrstauseen hat sich die Hochwassersituation heute stark verändert. Aber selbst in unserer Zeit gibt es auch in Werden immer wieder mal Hochwasser, so dass Ruhrufer und Brehminsel „unter Wasser" stehen.

Hochwasser in den 1920er Jahren

Hochwasser 2010

Situation Ruhrverlauf um 1850,
Karte: Stadt Essen

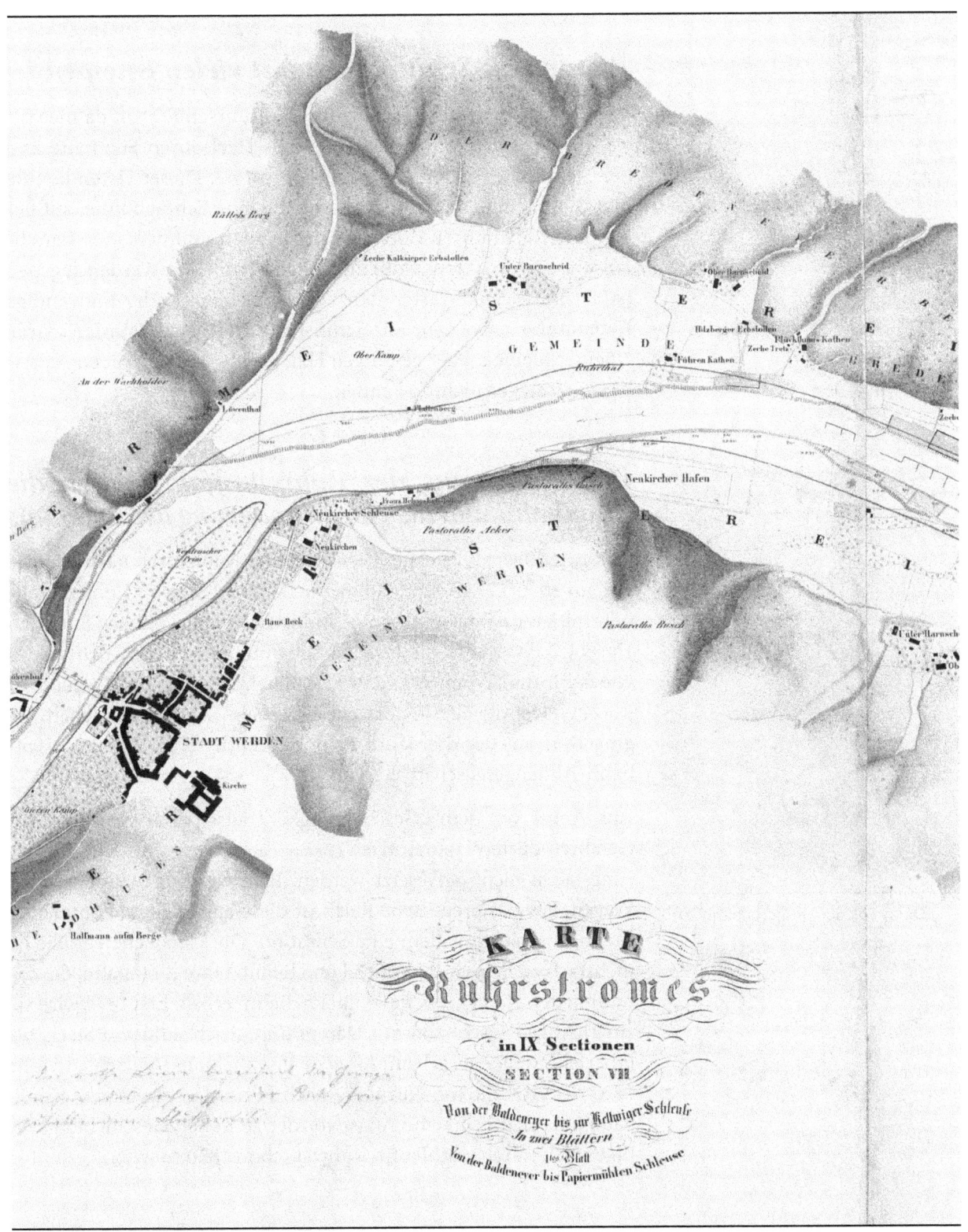

Werden als Schifferstadt mit vielen Kneipen

Werden war ein wichtiger Ort für die Ruhrschifffahrt, da hier die Ruhrzoll-Inspektion (bis 1830) im Haus Heck ihren Sitz hatte und der Neukircher Hafen für viel Leben sorgte. Dieser Hafen konnte bis zu 40 Schiffe aufnehmen und hatte eine Schrägbühne, auf der kleinere Reparaturen durchgeführt werden konnten. Aus Berichten wissen wir, dass es wohl unzählige Kneipen in Werden gegeben haben muss. Die Wartezeiten vor der Schleuse oder notwendige Reparaturen „zwangen" die Schiffsleute zu Pausen. Werden wurde zu einer kleinen, aber geselligen Hafenstadt. Mit den rauen Aakesbaas war sicher nicht zu spaßen.

Der Niedergang der Ruhrschifffahrt durch die Eisenbahn und die Nordwanderung des Bergbaus

Schon 1830 wird die erste Eisenbahn von Kupferdreh nach Nierenhof auf einer Länge von 7,3 km zur Beförderung von Kohlen eröffnet. Initiator ist der umtriebige Industrielle und Politiker Friedrich Harkot.[55] Es ist dies die erste Eisenbahnlinie zwischen den Tälern von Ruhr und Wupper. Die Prinz-Wilhelm-Eisenbahn-Gesellschaft (kurz PWE) ist die älteste deutsche Eisenbahn-Aktiengesellschaft. Sie ging 1831 aus der drei Jahre zuvor gegründeten „Deilthaler Eisenbahn-Aktiengesellschaft" hervor.

Dampflok der Hespertalbahn 2010

Aus Angst vor dem „Geschwindigkeitsrausch" und unbekannten Gefahren dürfen Lokomotiven (Dampfwagen) laut preußischer Regierung (noch) nicht eingesetzt werden. Pferde ziehen stattdessen die Wagen. Für das preußische Reich ist diese aus England kommende Errungenschaft trotzdem eine Sensation. Die königliche Familie ist mehrfach zu Besuch im Ruhrtal und benutzt ihre Eisenbahn, die daraufhin den Namen „Prinz-Wilhelm-Bahn" erhält. Erst 1844 wird sie zur richtigen Eisenbahn mit Dampf und gleichzeitig von Steele bis Elberfeldt weiter ausgebaut. Als erste Eisenbahn in Deutschland fuhr 1835 der ADLER von Nürnberg nach Fürth. Der bayerische König hatte offensichtlich keine Angst vor der zu hohen Geschwindigkeit. Eigentlich waren wir hier im Ruhrtal schon 1830 so weit…

Die Eisenbahn und der nach Norden wandernde Bergbau lassen die Transportmengen auf den Ruhrschiffen stark zurückgehen, so dass 1890 das letzte Kohlenschiff nach Mülheim fährt. Eine auch für Werden und Kettwig sehr prägende Zeit geht zu Ende und damit auch ein Großteil der Erinnerung an diese interessante Epoche.

Durch den Bau des Baldeneysees in den 1930er Jahren verschwindet der Werdener Hafen. Das Ruhrtal verändert sich. In den 1990er Jahren werden die Neukircher Schleuse und die Papiermühlen-Schleuse wieder hergerichtet – als Zeugnis einer technischen Meisterleistung der Ingenieurskunst des 19. Jahrhunderts.

Wie schreibt es der Werdener Geschichtsforscher Heribert Sponheuer 1986:

> *„Schade, dass es heute nirgendwo mehr eine echte Ruhr-Aake gibt.... als Restaurant, als Schiff der Weißen Flotte oder als Großmodell für die Wiese unterhalb der Werdener Ruhrbrücke".*

Es wäre schön, wenn das 2012 neu renovierte Ruhrufer an der Ruhrbrücke um eine solche Attraktion bereichert würde.

Der Nachbau einer Ruhraake kann im Westfälischen Industriemuseum Zeche Nachtigall in Witten besichtigt werden. Das Binnenschifffahrtsmuseum in Duisburg-Ruhrort befasst sich ebenfalls mit der Geschichte der Ruhrschifffahrt.

Weberhaus in der Grafenstraße

Die Werdener Tuchmacher

In Werden blühte das Weberhandwerk ab dem 17. Jahrhundert. Die Gilde der Weber wurde in Werden 1721 gegründet. In kleinen Hauswebereien wird Wolle und Flachs zu Leinen verarbeitet. Die bisherigen drei Zünfte der Wollenweber und Tuchmacher, der Tuchscherer und der Miselonsweber werden 1779 zusammengefasst. Die Handwebstühle standen in den typischen Weberhäusern - so wie im Haus Grafenstraße 49. Der notwendige Rohstoff Flachs wurde auf den Feldern in Heidhausen und Langenhorst angebaut, die Wolle kam von den zahlreichen Schafherden, die im Ruhrtal gehalten wurden.

Die Tuchmachervillen in Werden

„Leinen hat im Gegensatz zu Wolle den Vorteil, dass es schmutzabweisend ist. Bis ins 20. Jahrhundert wurde handgesponnenes, aber auch maschinell versponnenes Garn in Heimarbeit auf Handwebstühlen gewebt".[56] „Jährlich wurde der St. Severitag (Zunfttag) am 22. Oktober mit einem Gottesdienst in der Münsterkirche gefeiert. Dieser Tag war arbeitsfrei und man spendete Almosen für die Armen".[57]

Aus den kleinen Familienbetrieben mit Handwebstühlen entwickelt sich zu Beginn des 19. Jahrhunderts die maschinelle Produktion und Verarbeitung von Stoffen und Garnen. Dieses führte vielerorts zu den Weberaufständen.[58] Es waren die ersten frühindustriellen Unruhen, weil sich die kleinen Familienbetriebe aber auch die Zünfte gegen die maschinelle Produktion wehren. Letztendlich ohne Erfolg.

Familien wie Forstmann, Huffmann, von Wiese, Teschenmacher und Scheidt prägen in Werden und Kettwig diesen Wirtschaftszweig. Die Tuchmacher sind vorwiegend protestantisch und zeichnen sich dadurch aus, dass sie soziale Verantwortung für ihre Beschäftigten übernehmen. 1800 wird eine eigene Kranken- und Sterbekasse gegründet. Eine Wohnungsfürsorge – ähnlich wie später bei Krupp - gibt es ebenfalls. Noch heute stehen in Werden am Tuchmachersteig die „Schwedenhäuser" im skandinavischen Stil.

Tuchsiegel der Tuchmacherzunft zu Kettwig

Mit der Perfektionierung der maschinellen Baumwollverarbeitung zu Anfang des 19. Jahrhunderts wurde das Leinen zuerst in Amerika und später in Europa durch wachsende Baumwollimporte zurückgedrängt. Auch in Werden und Kettwig wird nunmehr Baumwolle bevorzugt und in Tuchwebereien, Samtfabriken und Baumwollspinnereien verarbeitet. Es kommt zu ersten wirtschaftlichen Schwierigkeiten. In Werden spezialisiert man sich daher und verarbeitet grobe Baumwollstoffe, die u.a. für die Uniformen von Soldaten eingesetzt werden. Die Firma Forstmann hat Filialen in allen großen Hauptstädten Europas (London, Paris, Moskau) und sogar in New York. Auch an die preußische Regierung in Berlin wird geliefert. So kommt es dazu, dass Kruppsche Kanonen aus Essen und Uniformen aus Werden auf beiden Seiten in den Kriegen zwischen Preußen und Frankreich zum Einsatz kommen.

Über die Weltkriege hinaus kann man sich am Markt behaupten. Bis in die 1960er Jahre existieren die Werdener Feintuchwerke und müssen dann auf Grund des ausländischen Konkurrenz schließen.

Auch Kettwig hat eine alte Tuchmachertradition. Hier entsteht bereits im 17. Jahrhundert eine Tuchmacherei der Familie Scheidt. Zum Ende des 19. Jahrhunderts wird die Tuchfabrik um eine groß angelegte Kammgarn- und Streichgarnspinnerei erweitert. Der großen Textilkrise in den 1960er und 1970er Jahren können auch die Scheidt´sche Tuchfabrik und die Spinnereibetriebe nicht trotzen. Die Tuchfabrik schließt 1962, die Kammgarnspinnerei 1974.[59]

Im Jahr 2013 entstehen auf diesem Gelände elegante Wohnungen und Gewerberäume für Kreative.

Das Gartenhaus in der Brandstorstraße

Johann Everhard Dingerkus ist ein kultivierter Mensch seiner Zeit. Hierzu passt auch, dass er für sich und seine Familie vor den Toren der Stadt auf einem großen Grundstück ein Gartenhaus errichten lässt. Hier lässt es sich gut leben.

Das Gartenhaus und Gartengestaltung im 18. Jahrhundert

Die Entwicklung der Gartenkunst

Schon immer suchte der Mensch den Einklang mit der Natur. Die Sehnsucht nach einem Garten war häufig auch eine Flucht aus der realen Welt in die Idylle.

Aus den Gärten in der Renaissance des 15. und 16. Jahrhunderts vor allem in Italien wurden die Barockgärten des 17. und 18. Jahrhunderts. Der klassische Barockgarten ist immer in eine bestimmte Abfolge von Gartenbereichen gegliedert. Ornamentale Rasenflächen, Blumenrabatten, beschnittene Buchsbäume sowie Wasserspiele bilden Formelemente und Figuren, die oft als Übergang zwischen Gartenwelt und Gebäude dienen. Im Barockgarten wurde versucht, die Natur in eine geometrisch exakte Form zu zwängen.

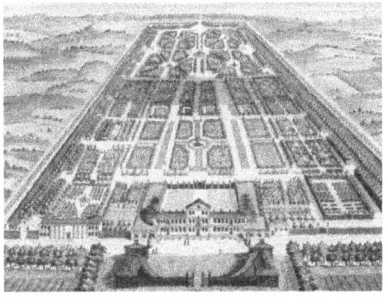

Herrenhausen-Kupferstich

Als bewusster Kontrast entwickeln sich ab Mitte des 18. Jahrhunderts die Englischen Landschaftsgärten. Diese Zeit steht vor allem für politische Veränderungen. Die Französische Revolution und die Aufklärung führen zu neuen Denkansätzen.

Der barocke Garten gilt in dieser Zeit nur noch als Symbol der politischen Unterdrückung und Willkür (wo die Natur sich ihrem Wesen entfremdet). Dazu hatte der englische Moralphilosoph Shaftesbury schon 1711 formuliert[60]: *„Fürstliche Laune hat all das erschaffen und höfische Sklaverei und Abhängigkeit hält es am Leben."*[61]

Im Laufe der Zeit wird der Englische Landschaftsgarten weiterentwickelt. Vor den Toren der Stadt ist im 18. Jahrhundert eine ganz neue Entwicklung in der bürgerlichen Gesellschaft. Als Zeichen eines selbstbewussten Bürgertums entstehen neben großen Wohnhäusern auch häufig Gartenhäuser auf dem Lande oder außerhalb der Stadt. Hier wird das Bedürfnis der Menschen nach einem kultivierten Leben in Einklang mit der Natur erfüllt. Auch die großen Dichter Goethe und Schiller haben eigene Gartenhäuser in Weimar und Jena. Hier können sie in aller Ruhe schreiben und - umgeben von einem schönen Garten - ihren Gedanken freien Lauf lassen.

Später entstehen auch die Groß-Bürgerlichen Gärten des 19. und 20. Jahrhunderts (z.B. Villa Hügel mit Park in Essen 1873, Liebermann Villa am Wannsee 1909).

Für das Volk gibt es schon im 18. Jahrhundert einfache Gärten vor den Stadttoren, in denen Obst und Gemüse angebaut wird. Sie dienen im Gegensatz zu den bürgerlichen Gärten zunächst nicht der Erholung. Ab Mitte des 19. Jahrhunderts werden die innerstädtischen Volksparks geschaffen. Hier soll sich die arbeitende Bevölkerung an der Natur erfreuen und von der industriellen Arbeit erholen. Die Anlagen in Essen und Bochum sind hier zu nennen. Auch die Schrebergärten entwickeln sich und dienen der Versorgung, aber immer mehr auch der Erholung.

Bürgerliche Gartenhäuser aus dem Ende des 18. Jahrhunderts sind heute nur noch selten zu finden. Meist hat die Stadtplanung des 20. Jahrhunderts dies verhindert. Spätestens mit dem 2. Weltkrieg sind die meisten verloren. Schöne Bespiele bürgerlicher Gartenhäuser gibt es heute u.a. in Arnsberg, Ettenheim, Radevormwald, Schwelm, Tübingen, Münster oder Osnabrück. Am prominentesten sind, wie schon erwähnt, Goethes Gartenhaus in Weimar und Schillers Gartenhaus in Jena. Sie dienen im Gegensatz zu den anderen auch als sommerliches Wohnhaus ihrer prominenten Besitzer.

Siehe „Stippvisiten - Historische Gartenhäuser in Deutschland" in der Fundgrube.

Die Entstehung des Gartenhauses Dingerkus in Werden

Die Familie Dingerkus errichtet vor den Toren der Stadt um 1790 das Gartenhaus, so wie es heute vor uns steht.

Es steht einsam auf halber Höhe des Pastoratsberges (Ringberges) als höchster Punkt des bis zur Ruhr reichenden Grundstücks. In der Zeichnung von Professor Thelott aus dem Jahr 1813 und in der Karte der Reichsabtey Werden von 1803 von Honigmann kann man sehr schön die historische Situation erkennen. Das Gartenhaus wird zu Beginn des 19. Jahrhunderts übrigens als „Teehaus" bezeichnet. Pläne oder Skizzen des ursprünglichen Gartens gibt es leider nicht mehr. Er hatte nach einer Schätzung von Wilhelm Wulff, dem Ur-Ur-Enkel von Dingerkus, *„eine Größe von etwa 1,5 Morgen Werdensches Maaß. Der große Garten war zum Teil Obsthof der mit Bäumen edelster Birnen und Pflaumenarten bepflanzt war"*.[62]

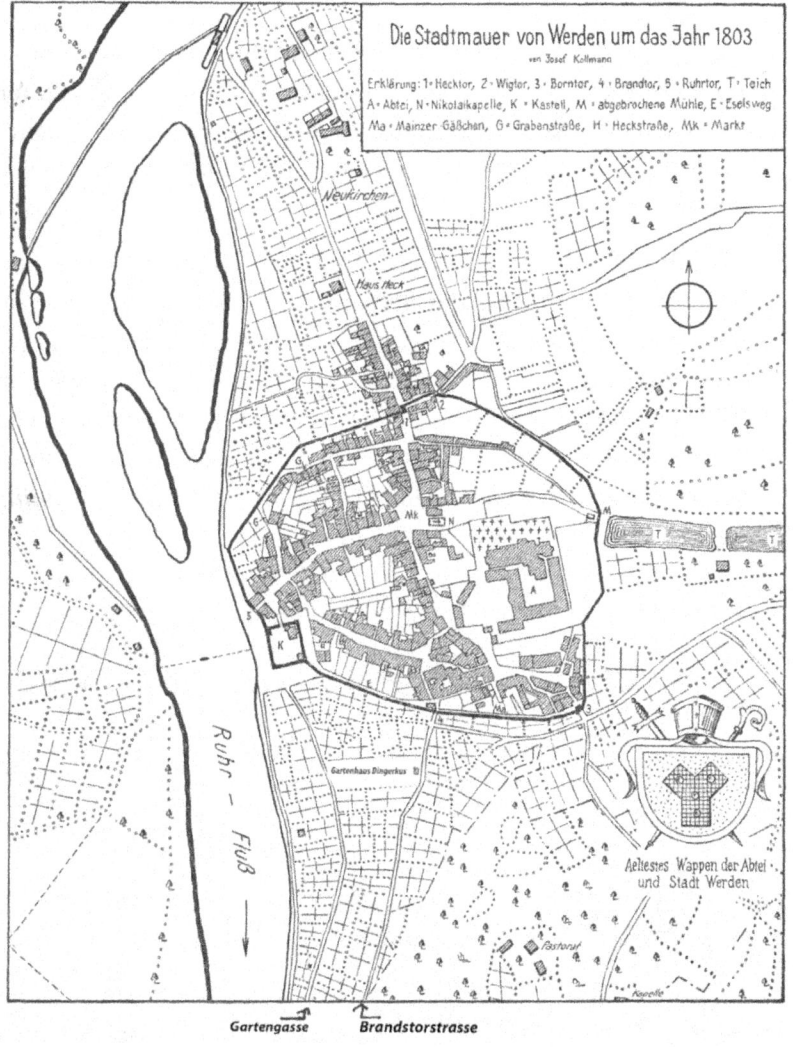

Honigmann Karte von 1803

Nach vorliegenden Katasterkarten dürfte der Garten von der Brandstorgasse bis in etwa zur damaligen Gartengasse (heute Querverbindung Gyrenkamp-Rittergasse) gereicht haben. Das entspricht in etwa einer Größe von rund 3.800m². Heute stehen noch rund 500m² zur Verfügung.

Erwerb der Grundstücke

Die Schwiegereltern von J.E. Dingerkus erwerben bereits im Jahre 1764 mehrere Grundstücke vor den Toren der Stadt. 1783 können weitere Grundstücke dazugekauft werden, so dass der uns bekannte Garten bis hinunter zu Ruhr entstehen kann. Im Kaufvertrag von 1783 heißt es:

> *„die vor der Stadt Werden und der Brandtporten daselbst unter der alten Burg am Fuß des Berges und an der da vorbeygehenden Strase zwischen dem sogenannten Jungbluthsgarten und dem Leers-Bungart-Garten gelegenen Gartenstücke „ für insgesamt 190 Reichstaler „an Herr Johann Everhard Dingerkus beider Rechte Doktoren und der kaiserlich freien Reichsabtei Werden zeitlicher Rat und Kanzlei Direktor und seiner Frau Wilhelmina Sophia Leopoldina Funcke verkauft."*

Die Kaufverträge sind im Original im Stadtarchiv Essen erhalten.

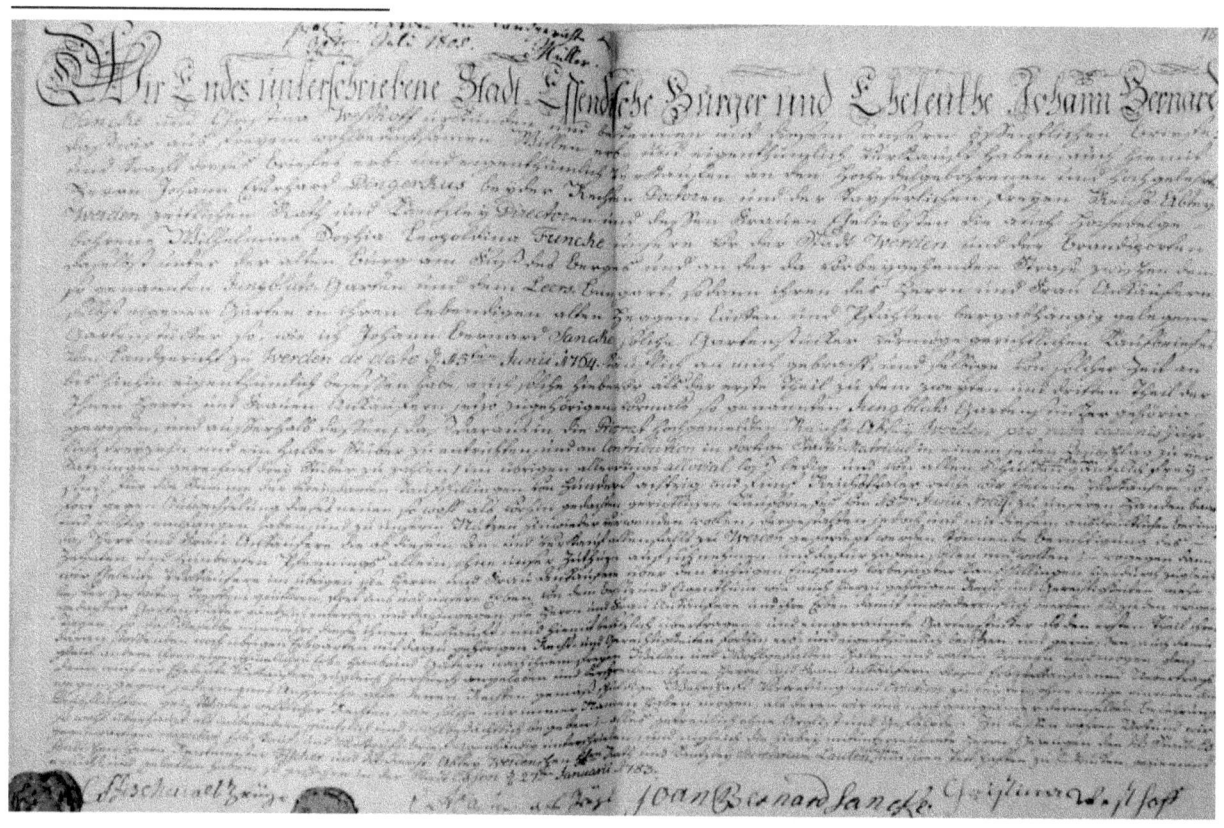

Sowohl der Thelott als auch die Honigmann-Karte zeigen, dass es möglicherweise mehrere Gartenhäuser in diesem Bereich gegeben hat. 1833 wird *„ein Grundstück im Gyrenkamp gelegen mit einem sehr schönen Sommerhause versehenen Gemüsegarten und Baumhof"* zum Kauf angeboten.[63] Einer der Vorbesitzer war der Landrichter Müller. Der Chronist Flügge beschreibt, dass aus dem zuletzt abgebrochenen Brandstor die Steine verwendet wurden, um das nicht weit davon entfernte – 1884 noch bestehende – Wolffsche Gartenhaus zu bauen. Um welche Gebäude es sich hierbei gehandelt hat und wie sie ausgesehen habe könnten, ist nicht bekannt. Hier bleibt die weitere Erforschung abzuwarten.

Einzig das Gartenhaus Dingerkus hat die Veränderungen des 20. Jahrhunderts überlebt.

Dachsanierung 1999

Baumeister Kleinhanz

Gebaut wird das Häuschen vom Abteilichen Baumeister Engelbert Kleinhanz, vermutlich zeitgleich mit dem letzten Gebäude der Werdener Abtei, dem Torhaus. Kleinhanz ist eine interessante Persönlichkeit. 1756 im Paznauntal/Tirol geboren und kommt er 1782 nach Werden. Er ist hier als Baumeister und auch beim Bau der Abtei beteiligt. Mit seiner Werdener Ehefrau bewohnt er ein Haus neben der Luciuskirche (heute Luciusdorf).

1803 wird er Ratsherr der Stadt Werden. Nach Auflösung der Abtei erstellt er 1804 im Auftrag der Preußen den „Situationsplan der ehemaligen Abtey Werden". Gleichzeitig bittet er um Überlassung von abteilichen Gebäuden, um dort eine Baumwoll-Spinnerei zu betreiben. Die Regierung lehnt ab und Kleinhanz verlässt Werden 1805, um sich in Elberfeldt anzusiedeln und seine Fabrik dort aufzubauen.

Kleinhanz ist ein streitbarer Zeitgenosse und Gegenspieler des bekannten Düsseldorfer Baumeisters Adolph von Vagedes. Vagedes ist zunächst Kurfürstlicher- und später Regierungsbaumeister und wird auch im Zusammenhang mit dem Bau der zweiten evangelischen Kirche – heute Haus Fuhr - und mit dem Bau der katholischen Kirche in Kettwig genannt. Kleinhanz ist in Elberfeldt in den

1830er Jahren am Bau der St. Laurentiuskirche beteiligt und u.a. an der Erweiterung von Schloss Berge in Gelsenkirchen. Er stirbt 1834 etwas vergessen in Elberfeldt.

Vom Obsthof und Teehaus

Der Garten entsteht also in dieser Zeit des Umbruchs zum Ende des 18. Jahrhunderts und es ist zu vermuten, dass er wohl Elemente des barocken und des Englischen Landschaftsgartens vereint. Von Blumenkübeln gesäumte Wege, Streuobstwiesen und kleine Beete mit Blumen sowie Beerensträuchern und Gemüse ergänzen dieses Bild.

Ein Haus- und Familiengarten, ausgerichtet auf die Ruhr und das Ruhrufer (Sichtachse Gartenhaus – Fluss).

Aus der „Belle Etage" genießt man beim „Schälgen Thee oder Kaffee" (einer Portion Tee oder Kaffee) den herrlichen Blick auf die Landschaft und das Ruhrtal sowie die vorbeifahrenden Ruhraaken.

Der Garten dient neben der Erholung und Entspannung dem Anbau von Obst, Gemüse und Kräutern. Dicke Bohnen, Sommerkappes (Weißkohl) und später wohl auch die Kartoffel, die zu dieser Zeit Einzug ins Werdener Land hält, werden angebaut. Gartenarbeit war damals Sache der Frauen. Aber sicher hat auch der Hausherr gelegentlich mit ausgeholfen. Der Rückzug der Familie Dingerkus in das Gartenparadies hat sicher auch mit der aufkommenden Unsicherheit zu tun. Die unabhängige Reichsabtei Werden an der Ruhr steht vor dem Ende. Napoleon und Preußen liefern sich unerbittliche Kämpfe. Für das kleine Städtchen Werden zeichnen sich gravierende Veränderungen ab.

Aus dem Briefwechsel Dingerkus mit seiner Tochter Maria Agnes wissen wir etwas über den Garten. Sie hatte ein besonderes Verhältnis zum Gartenhaus. Ihr wurde das Anwesen auch testamentarisch vererbt. Sie schreibt 1796 an ihren Vater:[64]

> *„Meine und Mama ihre Freude ist wenn wir in unsren schönen garten, wo alles herrlich darinnen steht und wächst, gehen und die Nachtigall schlagen hören. Man hat aber dieses Jahr nicht viele freude davon gehabt, weil das Wetter immer so kalt gewesen ist*

und wir haben noch nicht einmal des Morgens früh ein Kaffee in unsrem Garten Trinken können, an frischen Gemüsen haben wir keinen Mängel, wir beide mussten uns aber auch Brav darin plagen, weil das Unkraut dieses Jahr so entsetzlich überhand nimmt und bald nicht zu Vertilgen ist; dabei kann man keine Leute für Geld nicht haben, wenn man sie haben will oder muß, wir hoffen dass Sie die dicke Bohnen die schön in der Blüte sind bald mit uns Essen werden".

Im Sommer 1796 wird Dingerkus aus der Festungshaft entlassen und kann sich mit seiner Familie an Dicken Bohnen mit Werdener Speck erfreuen. Der Werdener Speck war zu dieser Zeit berühmt. Die Schweineherden bewegten sich in den umliegenden Buchen- und Eichenwäldern sowie auf dem Brehm. Das Fleisch war hierdurch eine Delikatesse.

Der Kaffee-Genuß wird Mode

Beginnend bei den höfischen Gesellschaften des 17. Jahrhunderts werden die bürgerlichen Schichten ab Mitte des 18. Jahrhunderts vom Kaffeegenuss elektrisiert. Die Ausbreitung des Kaffeetrinkens geschah nicht von ungefähr in der Zeit der Aufklärung:

„Der Kaffee das nüchterne Getränk, mächtige Nahrung des Gehirns, die die Reinheit und die Helligkeit steigert, der die Wirklichkeit der Dinge jäh mit dem Blitz der Wahrheit erleuchtet".[65]

Dass die Regierenden zwischen 1760 und 1780 sogar versuchten, dem Volk den Genuss von Kaffee zu verbieten (u.a. in den Bistümern Münster, Paderborn und Köln sowie im Königreich Preußen) ist bei dieser Wirkung nachzuvollziehen.

Wer hat schon gern Untertanen, die die Wirklichkeit der Dinge klar erkennen. Aber auch der Tee ist auf dem Vormarsch.

Tee-Tradition in Europa

Es sind die Holländer, die zu Beginn des 17. Jahrhunderts (1610) die ersten kleinen Mengen grünen Tees aus Batavia nach Texel und Amsterdam bringen. Die Engländer folgen in den 1680er Jahren.

Sie kaufen über ihre East India Copmany direkt in Kanton ein und beherrschen den Export nach Europa. Gegenüber dem Tee hat der Kaffee den Vorteil, dass die Europäer die Kaffeepflanze selbst kultivieren und in ihren Kolonien auch anbauen können. *„Die Kenntnisse des Teeanbaus bleiben bis zur Mitte des 19. Jahrhunderts unbekannt, da China und Japan für Ausländer weitgehend verschlossen sind".*[66] London entwickelt sich zum Weltzentrum des Tee-Handels. Die Holländer haben das Nachsehen. Sie sind die Vorreiter, England der Profiteur.

Im 17. und 18. Jahrhundert gilt Tee als Genussmittel, aber auch als Medizin und wird durch die örtlichen Apotheker vertrieben, wie im Übrigen auch Kaffee und Kakao. Tee und Kaffee haben positive Auswirkungen auf die Leistungsfähigkeit; vor allem für Menschen, die „mit dem Kopf" arbeiten. Also das ideale Getränk einer bürgerlichen Gesellschaft, die sich zu Beginn des 19. Jahrhunderts entwickelt. Vor zu großen Verzehrmengen wurde vor allem von Medizinern gewarnt. Die Beliebtheit als Genussmittel überwog jedoch.

Anders als in der bürgerlichen Welt bleibt es bei Bauern und Handwerkern jedoch beim täglichen Verzehr von Bier. *„Für die unteren Stände sei Kaffee und Tee zu meiden, da diese zwar anregten aber nährlos"*[67] seien wird seitens der Regierenden formuliert. Erst der Einsatz von Zucker macht Mitte des 18. Jahrhunderts aus dem „nahrlosen" Getränk einen Energielieferanten. Immer größere Mengen werden angebaut und exportiert. Kaffee- und Teehäuser entstehen. Es ist schick, sich beim Kaffee oder Tee zu treffen. Schönes Porzellan und gedeckte Teetafeln mit feinem Gebäck ergänzen dieses Bild. In Berlin entstehen die berühmten Tee-Salons. Vor allem Rahel Varnhagen kann Künstler, Intellektuelle und Politiker in ihrem Teesalon begrüßen. Selbst der Kronprinz ist zu Gast. In Weimar trifft man sich unter Gleichgesinnten im Gartenhaus Goethes.

Gottfried Ephraim Lessing war ein großer Freund des heißen Getränks. Er formuliert:

„Ob ich morgen leben werde, weiß ich freilich nicht. Aber dass ich, wenn ich morgen lebe, Tee trinken werde, weiß ich gewiss".[68]

Heinrich Heine kommentiert[69]:

„Sie saßen und tranken am Teetisch,
und sprachen von Liebe viel.
Die Herren waren ästhetisch
Die Damen von zartem Gefühl".

Teestunde bei Anna Amalia in Weimar: Herzog Carl August, Goethe, Graf Wedel, Herzogin Anna Amalia, Johann Gottfried Herder, unbekannte Hofdame, Wieland, Karl Ludwig von Knebel, Graf von Seckendorff; vorne sitzend: Charlotte von Stein, Luise von Göchhausen. Gemälde von H.W. Schmidt, 1783.

Im Werdener Land wird es wohl etwas weniger bedeutsam zugegangen sein. Aber es ist schon zu vermuten, dass sich die Werdener Prominenz aus Abtei, Magistrat und den reichen Tuchmacherfamilien zum „Schälgen Thee" im Gartenhaus des Kanzleidirektors Dingerkus getroffen haben.

Aus dieser Mode entstehen auch in den großen Parks und Schlossanlagen des Adels Garten- und Teehäuser. Das berühmteste sicherlich im Park von Sanssouci von Friedrich dem Großen.

Heute gibt es in Deutschland vor allem in Norddeutschland eine gelebte Teetradition; begründet durch die historische Entwicklung und den Einfluss der Holländer und Engländer. Mit Kluntjes, Sahne und ab und zu auch Rum wird das Teegetränk auch bei einer breiten Bevölkerung beliebt.

Ob Tee oder Kaffee im Gartenhaus Dingerkus, man hat es sich gut gehen lassen.

TIPP:
Ein sehr schönes Ostfriesisches Teemuseum gibt es in der Stadt Norden. Es ist ein einzigartiges Spezialmuseum zum Thema Tee. Die Geschichte des Tees sowie Anbau, Ernte und Verarbeitung sind ebenso anschaulich dargestellt wie die gesellschaftliche Bedeutung des Tees aufgezeigt wird. www.teemuseum.de

Das Ende des Gartenhauses in der Familie Dingerkus

Maria Agnes Dingerkus konnte ihr Gartenhaus leider nicht sehr lange genießen, da sie bereits 1805 verstarb.

Es wird weiter durch die Familie Wulff genutzt und um 1870 – zum Leidwesen der Kinder - von Heinrich Wulff verkauft. Über die weitere Nutzung ist bisher leider nicht viel bekannt.

Um 1900 entstehen die bürgerlichen und repräsentativen Gebäude im Wesselswerth (Amtsgericht, Reichsbank). Die Sichtachse geht damit leider verloren. In direkter Nachbarschaft entsteht das Kaiserliche Postamt.

Aus Erzählungen wissen wir, dass im Gartenhaus in der Zeit des Dritten Reiches ab 1933 BDM-Treffen stattfinden. In den letzten Kriegsjahren wird die obere Etage von einer älteren Dame bewohnt, ein Ofen steht zur Verfügung. Kohlen und Holz spenden etwas Wärme. In den 1950er und 1960er Jahren werden Haus und Garten von der benachbarten Schule im Wesselswerth als Schulgarten genutzt. Auch ein Schreiner betreibt im Untergeschoss sein Geschäft.

In einem Text aus den 1960er Jahren heißt es:

„Zur Zeit der Ruhrtalschule erfreuen sich Lehrer und Schüler an dem verträumten Gartenhaus. Rektor Pauli hatte – nach dem Tod des Schreiners- den oberen Teil nett und gemütlich gemacht".

Weiter heißt es: „1966 wird das wuchernde Efeugewächs vom Mauerwerk entfernt, aber am Gartenhäuschen wird selbst - entgegen einer Ankündigung - nichts weiter getan".

Im Jahr 2010 haben Bürger diesen wunderbaren Ort aus seinem Dornröschenschlaf erweckt. Kunst und Kultur an historischem Ort ist das Motto des Freundeskreises Gartenhaus Dingerkus e.V.

Informationen hierzu unter www.gartenhaus-dingerkus.de

Ab den 1970er Jahren übernimmt die Folkwang-Hochschule das Gebäude am Wesselswerth und somit auch das Gartenhaus von der Stadt Essen. Es beginnt ein langer Dornröschenschlaf. Berichtet wird auch von Abrissplänen. Dieses kann zum Glück verhindert werden. 1994 werden Haus und Garten unter Denkmalschutz gestellt. Dach und Fußboden werden im Jahr 2000 erneuert. Es gibt jedoch keine neue Nutzung. Man hat das Gefühl, dass sich keiner so richtig „verantwortlich" fühlt.

1960er 1992

2010 2012

Sabine Moseler-Worm

Der Dingerkus-Garten
Eine (nicht ganz) fiktive Geschichte

„Ich liebe den Herbst. Meine bisherige Arbeit bringt nun reichlich Lohn, denn ich erwarte einen wahren Erntesegen. Bereits im Morgengrauen stehe ich auf. Im Frühnebel zögert noch die Sonne, auf allen Blättern liegt eine zarte Tauschicht. Es gibt viel zu tun heute. In der Ecke mit den Beerensträuchern werde ich beginnen. Bei den Himbeeren schneide ich alle überschüssigen Triebe direkt über der Wurzel ab. Beim Spalierobst müssen die Wasserschosse entfernt werden, und der alte Apfelbaum, der ganz am Ende des Gartens steht, trägt so viele Früchte, dass ich unreife pflücken muss, damit nicht alsbald die Äste unter der Last brechen…

Das Beet mit den zarten Erbsenranken und den kräftigen Stangenbohnen muss geräumt werden. Die Vorfreude ist groß. Die unzähligen Erbsen und die weißen und vielfarbigen Bohnenkerne gilt es nun zu trocknen, um daraus in den kargen Wintermonaten einen deftigen Eintopf zu kochen. Ich glaube, den Duft, der dann durchs Haus zieht, schon riechen zu können. Ein Zweiglein Bohnenkraut dazu oder eines der vielen anderen Kräuter, denen ich durchs Trocknen ein längeres Leben verschaffen kann, und eine herrliche Mahlzeit ist bereitet.

Wie dankbar bin ich dem Gartenboden für ein erneut gutes Jahr. Der Boden hier ist schwer, enthält viel Lehm, der aufreizend in der mittlerweile klaren Sonne glänzt. Viel Arbeit bereitet er mir, widersetzt sich oft dem Spaten – aber er ist überaus fruchtbar, ein kräftiges Land.

Auch das Beet mit den Pastinaken ist von einer niedrigen, aber wohl geschnittenen Buchsbaumhecke umgeben. Dieses schmackhafte Wurzelgemüse übersteht die meiste Zeit des Winters unbeschadet im Boden. Das ist gut, denn der Lagerplatz im Gartenhaus ist beschränkt. Dort schätzen die Kartoffeln die Kühle und die Dunkelheit, trocknen die Bohnen und Erbsen auf ausgebreiteten Jutesäcken, verlieren die Kräuter – kopfüber an Schnüren hängend – den letzten Rest an Feuchtigkeit.

Um auch den zarten Möhren im kräftigen Lehmboden eine Chance zu geben, habe ich im zeitigen Frühjahr etwas Sand eingearbeitet. Die Möhrchen sind prachtvoll gewachsen und lagern in einer Miete. Diese Lagermöglichkeit im Freien nutze ich schon seit mehreren Wintern. Das Wurzelgemüse wird dazu pyramidenförmig aufgeschichtet und zuerst mit einer ordentlichen

Lage Stroh, Farn oder anderem Pflanzenmaterial bedeckt. Zuletzt kommt eine dicke Schichte Erde darauf, die mit einem Spaten festgeklopft wird.

Mein Rücken schmerzt, und ich werde mir eine Pause gönnen. Der Duft der schweren Erde und feuchten Blätter, die die Obstbäume nach und nach verlieren, liegt in der Luft. Ich tausche die schweren Gartenschuhe gegen leichteres Schuhwerk, reibe den groben Dreck, der an meinen Händen klebt, an meiner Schürze ab, und gehe einige Schritte…

An der hohen Mauer, die den Garten zu einer Seite begrenzt, rankt der Wilde Wein in schillernden Farben. Direkt neben dem Gartenhaus führt ein kleiner Weg einige Meter einen sanften Hang hinab zu einer kleiner Terrasse. Dort steht ein Tisch, stehen zwei Stühle. Ich setze mich und lasse mir die Herbstsonne ins Gesicht scheinen. Ein Buch liegt aufgeschlagen auf dem Tisch. Hat Mutter es dort vergessen? Die Kühle der Nacht hat es nicht unbeschadet überstanden. Der Einband ist feucht, einige Seiten haben sich gewellt. Ich drehe es um. Es ist das erste Bändchen von Christian Cay Lorenz Hirschfelds „Theorie der Gartenkunst". Das muss Mutters Buch sein. Sie träumt insgeheim von einem dieser Englischen Gärten, die jetzt überall in Mode kommen. Sie sollen aussehen wie eine natürliche Landschaft. Kaum Begrenzungen, keine ordentlich angelegten Beete, keine beschnittenen Hecken, kaum blühende Pflanzen. Ich muss lächeln. Mit dieser Idee wird sie bei Vater und mir auf Widerstand stoßen. Was ist unser Garten ohne die herrlichen und stolzen Gemüsepflanzen, die ergiebigen Beerensträucher, das grazile Spalierobst…

Ich stehe auf und strecke meinen Rücken gerade. Noch einige Stunden wird es dauern, bis dieser Gartentag zuende ist. Nicht mehr viele werden folgen, denn wenn der erste Frost die Pastinaken gestreift hat, wird es Zeit, auch einige davon zu ernten. Und es wird Zeit, an den Pastinakenwein zu Weihnachten zu denken.

Viele Stunden werde ich in den kommenden Monaten damit verbringen, in meinem kleinen Gartenbüchlein Notizen zu machen, mir zu überlegen, was ich im kommenden Frühjahr noch besser machen kann. Was mag ich erneut anpflanzen, was hat meinen Erwartungen nicht entsprochen. Ich werde Rezepte probieren und sehnsüchtig warten… auf das Frühjahr…"

Dicke Bohnen aus dem Dingerkus-Garten

Dicke Bohnen und Guter Heinrich - Vom Garten auf den Tisch
Sabine Moseler-Worm und Heike Jütting

Eine sehr schöne Quelle, wie ein Garten zu Beginn des 19. Jahrhunderts ausgesehen hat, liefern die umfangreichen Beschreibungen des großen Dichters Johann Wolfgang von Goethe. Er beschreibt seine Weimarer Gärten sehr ausführlich und führt selbst wissenschaftliche Untersuchungen durch. So verwundert es nicht, dass Spargel und Wein angebaut wurden. Ein alter ungarischer Weinstock im Garten am Weimarer Frauenplan brachte bis zu 80 Trauben. An Obst gab es Apfel, Kirsche, Birne, Zwetschge, Johannis- und Stachelbeere. 80 verschiedene Apfelsorten und 16 Birnensorten zeigen die Vielfalt. Wacholderbaum, Aprikosen und Walnuss waren eine Besonderheit im Garten.

Goethes Freund und Dichterkollege Christoph Martin Wieland hatte in seinem Gutsgarten in der Nähe von Weimar bis zu 110 Obstbäume, vorwiegend Apfel, Birne und Kirsche. Wieland legt auch selbst Hand an und erfreute sich über stundenlanges ebnen von Maulwurfshügeln und das eigenständige Einbringen der Heuernte. Schiller dagegen nutzte seinen Garten nur, um darin spazieren zu gehen. Den großen Literaten und Denkern der Weimarer Klassik war das Thema Garten sehr wichtig. Schiller bevorzugte den englischen Landschaftsgarten, während Goethe eher an dem französischen – barocken Garten – Freunde fand.

Wie die Familie Dingerkus ihren Garten genutzt hat wissen wir nicht. Auf Zeichnungen ist eine Streuobstwiese bis hinunter zur Ruhr zu erkennen. Aus Briefen ist bekannt, dass auf den Gemüsebeeten Dicke Bohnen und Sommerkappes (Kohl) angebaut wurden. Blumen wurden zur eigenen Erfreuung angepflanzt und dienten auch als Kirchenschmuck. Man kann jedoch davon ausgehen, dass der Garten neben der Arbeit auch der Erholung und Entspannung diente. Es war sicher auch ein Ort, an dem sich die gehobene Werdener Bürgerschaft zum Tee oder Kaffee traf. Sicherlich nicht so berühmt wie in Weimar, aber immerhin!!

Kochen im 18. Jahrhundert

Es gibt erstaunlich wenig Literatur aus dem 18. Jahrhundert, die sich mit dem Thema Kochen beschäftigt.

Eine wahre Fundgrube ist da das „Wohleingerichtete Kochbuch für alle Liebhaber der Kocherey" – Zweytes Bändgen - erschienen in Hall in Schwaben, anno 1784.

Aus dem Vorwort:

„…Denen Liebhabern der Kocherey, besonders dem schönen Geschlechte des Frauenzimmers, deren das gute und delicate Kochen ihr Hauptwesen sein solle, empfiehlet man sich zur geneigten Aufnahme, und wünschet das selbe alles auf das appetitlichste, wie die Vorschrift lautet, auf die Tafel oder Tisch ihrer Gäste bringen mögten…".

Folgendes Menü könnte es durchaus auch bei Kanzleidirektor Dingerkus und seiner Familie gegeben haben.

Geriebene Schwarze Brodsuppe

Man nimmt recht altes schwarzes Brod, reibt solches auf einem Reibeisen, alsdenn in Kastrol oder Hafen getahn, mit Fleischbrühe aufsieden lassen wie einen dünnen Bierbrey, gewürzt, klein gehackten Peterlin und Kimmel daran getahn, wenn man es anrichtet, werden ganze Eyer darauf geschlagen und zu Tisch getragen.

Ein gutes Weiskraut mit Raum und Eyern und Ragou von Haasen

Nimm ein junges Weiskraut, putz und brühe solches schön ab, wann solches weich ist, so thue es in einen Seiher und laß ablaufen, dann thue ein Viertelpfund Butter in Kastrol, laß in zergehen, und das Kraut hinein, schwenke es wohl um, dann giesse ein halb Maas guten süßen Raum darein und wieder umgeschwenkt, dann in Salz und Gewürze zurecht gemacht, und solches in eine Schüssel gegossen wo ein Rand herum ist, schlage 6. bis 8. Eyer aus, thue sie wohl zerschlagen und giesse es oben über das Kraut, Butter darauf gebrockt und im Backofen gelb backen lassen, so ist es recht.

Nehme einen schönen gespickten Hasen, hacke ihn zu schönen Stücklein, dann lege Speck, Butter, Schinken in ein Kastrol, den Haasen dazu, lasse solchen schön gelb anziehen, hernach schütte einen guten sauern Raum hinein, Gewürze und Salz, laß es kurz einkochen, zuletzt drucke noch Citronensaft darein, richt den Haasen an und laß die Sose durch einen Seiher auf den Haasen laufen, so ist es gut.

Ein guter Ananas-Salat

Man schäle die Ananas wie einen Apfel, und hernach plätzleinweiß geschnitten wie einen Citronen-Salat, schütte Trockeyer-Wein darüber und laß ihn 2 Stunden darüber verdeckt stehen und schwitzen lassen, alsdann den Wein wieder abgegossen, Zucker auf die Ananas gestreut, und also doch gegessen. Den abgegossenen Trockeyer-Wein, kann man, wann man will auch noch darauf trinken.

Gemüse

Alte Gemüsesorten, die eigentlich schon aus unseren Gärten verschwunden waren, feiern seit einigen Jahren ein erstaunliches Comeback.

Der Freundeskreis möchte im Dingerkus-Garten einige alte Sorte Obst und Gemüse anbauen und auch verarbeiten.

Eine kleine Auswahl dessen, was unseren Ahnen schon schmeckte und auch heute seinen kulinarischen Reiz nicht verloren hat.

Haferwurzel

Sie müsste eigentlich das Lieblingsgemüse aller Feinschmecker sein: die Haferwurzel. Ein bisschen nach Spargel und ein bisschen nach Auster schmeckt sie, und nach den ersten Frösten sogar leicht süßlich. Doch auch sie wurde im 19. Jahrhundert aus den Gärten und Mägen verdrängt. Von einer Verwandten, der Schwarzwurzel. Dabei ist sie in der Küche deutlich leichter zu handhaben. Sie muss nicht geschält, sondern lediglich von den feinen Nebenwurzeln befreit werden. In England wird sie heute noch nennenswert angebaut – und dort nennt man sie des überaus feinen Geschmack wegen vegetable oyster (vegetarische Auster).

Haferwurzelblüten

Die Wurzeln lassen sich ähnlich wie die Kollegin Schwarzwurzel zubereiten – als Gemüse oder Suppe, mariniert, frittiert oder gekocht. Aber ein besonderer Leckerbissen sind die Blütenknospen. Einfach über einen Salat streuen oder in Tempurateig ausbacken.

~~~~~~

Dicke Bohnen

Schon im alten Rom waren sie das Leibgericht der Armen – ob man sie nun Dicke Bohnen nennt oder Saubohnen, Puffbohnen oder Pferdebohnen. Im Rheinland stehen die Dicken Bohnen mit Speck auch heute noch auf dem Speisenzettel. Sie gelten als ziemlich rustikales Gemüse, aber es geht auch feiner...

Dicke Bohnen mit Butter

Die Bohnen palen, drei Minuten in kochendes Wasser geben und anschließend mit kaltem Wasser abschrecken. Anschließend die tiefgrünen Bohnen von der milchig weißen Haut befreien. Lauwarm mit etwas Butter und Meersalz grob zerdrücken und anschließend auf frisch geröstetes Landbrot geben.

Erbsen-Bohnen-Suppe

* 2 Schalotten
* 1 EL Oliven- oder Nussöl
* 200 g Dicke oder weiße Bohnen
* 200 g Erbsen
* 750 ml Wasser
* 2 Würfel Gemüsebrühe
* 500 ml Milch
* 1 Avocado
* Salz, Pfeffer aus der Mühle

Schalotten schälen und fein hacken. Öl in eine Topf erhitzen und die Schalotten, Bohnen und Erbsen darin bei mittlerer Hitze etwa 5 Minuten braten. Mit Salz und Pfeffer würzen.

Wasser, Milch und Brühwürfel hinzufügen aufkochen lassen, umrühren und bei geringer Hitze etwa 20 Minuten köcheln lassen.

In der Zwischenzeit die Avocado schälen und würfeln und in einem Mixer zusammen mit der Erbsen-Bohnen-Suppe 30 Sekunden pürieren, abschmecken und servieren.

Werdener dicke Bohnen mit Speck

(2 Personen)

* 1 kg Dicke Bohnen, in Schale
* 150 g Speck (Bauchspeck), durchwachsen
* 2 Zweige Bohnenkraut
* 20 g weiche Butter
* etwas Mehl
* Salz

Die frischen Dicken Bohnen aus der Schale befreien und in einen Topf geben. Mit Wasser auffüllen, den durchwachsenen Speck (entweder in Scheiben geschnitten oder am Stück) hineingeben.

Das Bohnenkraut obendrauf legen und alles ca. eine halbe Stunde köcheln lassen. Dann nach Geschmack evtl. nachsalzen. Mehl auf einem Teller mit der Butter verkneten, beides zum Gemüse zum Anbinden geben und unter Rühren noch einmal aufkochen lassen.

Dazu Salzkartoffeln aus neuer Ernte reichen.

Guter Heinrich

Das Gemüse mit dem sympathischen Namen wird auch Wilder Spinat genannt. Früher wuchs er am Rand der Siedlungen und zog langsam in die Gärten ein. Heute steht er auf der Roten Liste der vom Aussterben bedrohten Pflanzen. Der Gute Heinrich ist mehrjährig, und die jungen Blätter können wie Spinat genutzt werden.

GUTER HEINRICH IN RICOTTA-SOSSE

Kirschtomaten in Olivenöl auf kleiner Flamme erhitzen und einige Minuten dünsten. Ebenfalls in Olivenöl gewürfelte Zwiebel und fein gehackten Knoblauch glasig dünsten. Mit Weißwein ablöschen. Gewaschenen Guten Heinrich dazugeben und zusammenfallen lassen. Topf vom Herd nehmen, Ricotta einrühren, bis eine dickflüssige Soße entsteht. Die gedünsteten Tomaten auflegen.

Pastinaken

Schon die alten Römer kannten das Wurzelgemüse – auch Hammelmöhre oder Moorwurzel genannt. Es gehörte über viele Jahrhunderte zu den wichtigsten Grundnahrungsmitteln und fehlte in kaum einem Garten. Erst zu Beginn des 19. Jahrhunderts wurde die Pastinake mehr und mehr von Möhre und Kartoffel verdrängt.

Pastinaken enthalten mehr Zucker als Möhren und wurden aus diesem Grund früher sogar zu Marmelade und Wein verarbeitet. Weil sie eine harte Schale haben, sollten Pastinaken vor der Verarbeitung immer geschält werden.

Pastinaken-Cremesuppe

Pastinaken, Kartoffeln und Möhren zu gleichen Teilen in einer Gemüsebrühe mit einer Knoblauchzehe und einem Lorbeerblatt gar kochen. Alles pürieren, etwas gehackten Koriander und einen halben Teelöffel Zitronensaft untermischen, für eine weitere Minute auf den Herd, mit Salz und Pfeffer abschmecken.

Pastinakenwein

- 2 kg Pastinaken, zerkleinert
- 5 l kochendes Wasser
- 25 g frischer Ingwer,
- Zimtstangen, Piment
- und Muskatblüte
- 1,5 kg Demerara-Zucker (Rohrzucker)
- 1 EL frische Hefe
- 1 Scheibe getoastetes Brot

Die Pastinaken 15 Minuten in Wasser kochen. Die zerstoßenen Gewürze hinzufügen und unter Rühren 10 Minuten weiterkochen lassen. Abseihen, den Zucker hinzufügen und weiterrühren, bis der Zucker aufgelöst ist. Abkühlen lassen, bis die Flüssigkeit lauwarm ist. Die Hefe auf den Toast streichen und in die Flüssigkeit geben.

Die Hefe 36 Stunden arbeiten lassen (bei kaltem Wetter länger), dann in ein Fass füllen und gären lassen. Ist die Gärung abgeschlossen, fest verspunden und 6 Monate lagern. In Flaschen füllen und vor dem Trinken 1 Jahr lagern.

Der Wein wir mit der Zeit besser – ein 10jähriger Pastinakenwein ist hervorragend.

(aus Rosamond Richardson - Was man früher noch wusste)

FUNDGRUBE

Die Gerichte waren einfach und auch viele hungrige Mäuler kein Problem für die Köchin:

Suppe von Hafergrütze und Kartoffeln

Man bringe die mit Wasser abgeflößte Hafergrütze – je Person etwa 30 g – mit Wasser, gutem Fett (es kann auch Schinken - oder Rauchfleischbrühe verwendet werden), Kohlrabi, Sellerie, Petersilie oder Porree, in Ermanglung mit einigen klein geschnittenen Zwiebeln zum Kochen, gebe recht rein gewaschene Kartoffeln und das nötige Salz hinzu und koche alles etwa 2 stunden weich und sämig.

Wenn die Suppe für einen Dienstbotentisch zur Sättigung bestimmt ist, so kann man je Person auf 50 g rechnen.

(Nach Henriette Davidis)

Haferbrei nach Charles Dickens

* 2 EL Haferflocken
* dünn geschnittene Schale von einer ½ Zitrone
* 600 ml heißes Wasser
* 50 g Zucker
* ¼ TL geriebene Muskatnuss
* ½ TL geriebenen Ingwer
* 1 Ei, geschlagen
* 1 – 2 EL Weinbrand

Die Haferflocken mit der Zitronenschale und dem Wasser verrühren. Aufkochen lassen, bis die Masse dick wird. Durch ein Nylonsieb streichen und mit den Gewürzen abschmecken. Das geschlagene Ei einrühren, wieder in den Topf geben und 2 Minuten leicht erwärmen. Mit Weinbrand abschmecken.

Statt Weinbrand kann man auch Whiskey verwenden. Das Wasser kann durch ein mildes Ale oder Malzbier ersetzt werden.

(aus Rosamond Richardson - Was man früher noch wusste)

Auch das vermeintliche Unkraut findet seinen Weg in den Kochtopf:

Brennesseln als Gemüse nach Spinatart

Sie sind in keinem Monat als im April zu kochen. Man bricht sie an masten Orten ab, daß sie nicht zu mager sind, und tut das Unreine und Harte hinweg. Wenn sie gewaschen sind, setzt man sie mit siedendem Salzwasser zu, legt sie dann ins kalte Wasser, drückt sie aus, hackt sie, aber nicht so klein wie den Spinat, und kocht sie gleich diesem mit Fleischbrühe. Man gibt auch eben das dazu, was zum Spinat gegeben wird.

Entenbrust mit Gierschkompott

* 400 g blühender Giersch
* 4 Entenbrüste à 180 g
* Öl zum Anbraten
* 1 Zwiebel
* 100 g Butter
* 50 ml Fleischfond
* 2 Tomaten enthäutet
* 1 Prise Zucker
* Salz, Pfeffer
* 8 – 16 Gierschblüten für die Garnitur

Backofen auf 160 °C vorheizen.

Giersch waschen und klein schneiden, Zwiebel fein würfeln.

Entenbrüste waschen, trocken tupfen und die Haut rautenförmig einschneiden. Mit Salz und Pfeffer würzen.

Entenbrüste auf der Hautseite bei starker Hitze in wenig Öl rasch goldbraun anbraten, wenden und Unterseite ebenfalls scharf anbraten.

Aus der Panne nehmen und im Ofen 10 – 15 Minuten fertig garen.

Giersch und Zwiebelwürfel in Butter anbraten und mit Fleischfond ablöschen. Tomaten in kleine Würfel schneiden, dazugeben und mit Zucker, Salz und Pfeffer abschmecken.

Fleisch aufschneiden, auf dem Gierschkompott anrichten und mit den Gierschblüten garniert servieren.

Dazu passt wilder Reis.

Bärlauchschlutzkrapfen

Teig:
- 250 g Weizenmehl
- 50 g Roggenmehl
- 50 g Grieß
- 3 Eier
- 1 Prise Salz
- 2 EL Olivenöl

Füllung:
- 100 g Bärlauch
- 1 Zwiebel
- 1 EL Butter
- 250 g Ricotta
- 2 -3 EL frisch geriebener Parmesan
- 4 El Sahne (mind. 30% Fettgehalt)
- Salz, Pfeffer (aus der Mühle)
- frisch gemahlener Muskat

außerdem:
- Mehl für die Arbeitsfläche
- 2 EL Butter
- in feine Streifen geschnittener Bärlauch für die Garnitur

Für den Teig die Mehle und den Grieß mischen. Eier, Salz und Öl unterrühren und zu einem geschmeidigen Teig kneten. Bei Bedarf etwas Wasser hinzufügen. In Folie gewickelt etwa 20 Minuten ruhen lassen.

Für die Füllung den Bärlauch waschen, verlesen und tropfnass in einem großen Topf circa 1 Minute zusammenfallen lassen. Abgießen, abschrecken, ausdrücken und grob hacken.

Zwiebel schälen, fein würfeln und in heißer Butter glasig schwitzen lassen. Vom Herd nehmen.

Ricotta mit Parmesan und Sahne verrühren, Bärlauch und Zwiebel untermengen und mit Salz, Pfeffer und Muskat abschmecken.

Teig auf einer bemehlten Fläche 2 – 3 mm dünn ausrollen und Kreise von 8 cm Durchmesser ausstechen. Die Füllung jeweils in die Mitte geben, Ränder mit Wasser anfeuchten und zu Halbmonden zusammenfalten. Ränder festdrücken und mit einer Gabel eine Verzierung eindrücken.

Inzwischen reichlich Salzwasser aufkochen lassen, die Schlutzkrapfen einlegen und 6 – 8 Minuten gar ziehen lassen. Abgießen und tropfnass in 2 EL heißer Butter schwenken. Mit Muskat und Salz würzen und mit Bärlauch bestreut servieren.

FUNDGRUBE

Feine Dinge und der Mut zu außergewöhnlichen Gerichten:

Gezuckerte Salbei-Blüten

* 1 Eiweiß
* circa 100 g feiner Kristallzucker
* 2 Handvoll unbehandelte Salbeiblüten

Eiweiß leicht verschlagen und mit einem kleinen Pinsel die Blütenblätter damit einpinseln. Mit feinem Zucker bestreuen oder vorsichtig darin wälzen.

Auf einem Kuchengitter circa 1 Tag oder im Ofen bei 50 Grad °C etwa 1 – 2 Stunden trocknen lassen.

Gut verschlossen in einer Dose zwischen Pergamentpapier aufbewahren.

Schmeckt gut und ziert die Teller!

Möhrenmarmelade

* 1 kg Möhren
* 700 g Zucker
* 2 Zitronen, geviertelt und in Scheiben geschnitten
* 2 TL gemahlener Ingwer

Möhren in etwas Wasser weich kochen. Zucker hinzufügen und unter Rühren auflösen lassen. Die Zitronenscheiben hinzugeben und das Ganze langsam kochen lassen, bis die Flüssigkeit geliert.

In vorgewärmte Gläser füllen und luftdicht verschließen. Dunkel, kühl und trocken lagern.

Passt gut auf Vollkorntoast.

Einen „Toast" aussprechen

Der Begriff „Toast" stammt wahrscheinlich aus dem 17. Jahrhundert. Es war Brauch, ein Stück Toastbrot mit Muskat oder anderen Gewürzen bestreut in den Wein zu geben, um ihm Geschmack zu verleihen.

In einer heidnischen Zeremonie spricht man einen Toast aus auf die Apfelbäume, um einem Haus eine gute Ernte und Glück zu wünschen. Die Zeremonie fand um Neujahr statt. Es wurden traditionelle Lieder gesungen, ein Trank aus gewürztem Bier gereicht und Toaststücke in das Getränk getunkt, die dann in die Baumgabelung eingelegt wurden. Es war Brauch, Lärm zu machen, um die bösen Geister zu vertreiben.

Laut Sir Watkin William Wynnes Rezept aus dem Jahr 1722 trank man folgendes Getränk bei diesem Fest:

In ein Quart warmes Bier 1 Pfund Zucker geben, darüber Muskatnuss und etwas Ingwer reiben, dann 4 Gläser Sherry und 2 weitere Quart Bier mit 3 Zitronenscheiben beimengen; wenn nötig mehr Zucker einrühren und 3 Scheiben Toastbrot hinzufügen.

(Aus Rosamond Richardson
Was man früher noch wusste)

Alkoholische Getränke waren schon immer gut für die Gesundheit:

Met-Rezept aus dem 18. Jahrhundert

Zu 4 ½ Litern Wasser 500 g Honig geben. Kochen und danach sofort eine Handvoll Rosmarin, schottische Zaunrose oder etwas Zitronenmelisse hineingeben. Das Gebräu musste gären, bis es nicht mehr „arbeitet" und wurde anschließend abgeschöpft. Danach wurde es mit Rosinen in Fässer gefüllt, verspundet und 3 Monate stehen gelassen.

(aus Rosamond Richardson - Was man früher noch wusste)

Met wurde schon in antiken Lehrbüchern Heilkräfte gegen Magen- und Darmbeschwerden oder Atemwegserkrankungen zugeschrieben.

Brennnesselbier

* ein großer Korb mit frischen Brennnesseln
* 1 Zitrone, aufgeschnitten
* 4,5 l Wasser
* 450 g Zucker
* 25 g Ingwer, gerieben
* 25 g Weinstein
* 25 g Bierhefe

Brennnesseln und Zitrone in einen großen Topf geben und mit dem Wasser 25 Minuten kochen. In ein Holzgefäß abseihen.

Zucker, Ingwer und Weinstein beimischen und verrühren, bis sich der Zucker aufgelöst hat. Die Hefe hinzufügen und 3 Tage an einem warmen Ort gären lassen – bei kaltem Wetter auch länger.

In einem kleinen Fass lagern oder für den sofortigen Gebrauch in Flaschen füllen.

Hilft gegen rheumatische Beschwerden, Gicht und bei Leberbeschwerden.

Obst

Wer kennt ihn heute noch, den Braunen Matapfel. Oder den Kleinen Herrenapfel, den Grünen Stettiner, den Altländer Pfannkuchenapfel – hunderte von Apfelsorten gab es besonders im 17. und 18. Jahrhundert. In einer Zeit, die von bäuerlichem Anbau geprägt und auf Eigenversorgung ausgerichtet war. Viele alte Sorten verschwanden in den folgenden Epochen vom Markt. An die Vielfalt von Formen, Farben und Geschmacksrichtungen erinnert man sich erst in jüngster Zeit wieder – und mehr und mehr dienen sie den Züchtern als Grundlage für die Entwicklung neuer und resistenter Sorten.

Der aufwändige Formobstschnitt ist heute kaum noch bekannt, war aber in den Gärten des 18. Jahrhunderts weit verbreitet. Ob als Spalierobst und mit kunstvoll geschnittenen Baumkronen – der optischen Gestaltung wurde viel Wert beigemessen. Äpfel, Birnen, Pflaumen und Beeren bildeten meist den „süßen Teil" der Gärten zu dieser Zeit.

In Kloster- und Bauerngärten spielte die Mispel noch bis zum 18. Jahrhundert eine große Rolle. Der bis zu fünf Meter hohe Strauch trägt walnussgroße braune Früchte, die erst hart und nach dem ersten Frost weich sind. Dann sind sie auch genießbar, haben einen süß-säuerlichen Geschmack und wurden vorwiegend zu Mus und Marmeladen verarbeitet.

Mispeln einmachen

* 500 g Mispeln
* 500 g Zucker
* 2 Tassen Franzbranntwein
* Zitronenschale
* Zimt

Man schneidet von den reifen Mispeln das Rauhe, reibt sie mit einem Tuche ab, kocht sie in Wasser, bis sie sich durchstechen lassen, schüttet sie zum Abtröpfeln auf einen Durchschlag und sticht ein Stückchen Zitronenschale und Zimt hinein.

Dann kocht man den Zucker klar, rührt den Franzbranntwein durch und gießt ihn heiß über die Mispeln.

Am nächsten Tag kocht man den Saft wieder auf, gießt ihn ebenfalls heiß über die Früchte und kocht diese am dritten Tage in Saft vollends gar, doch nicht zu weich, füllt sie in Gläser, lässt den Saft nachkochen und gibt ihn über die Früchte.

Nach Henriette Davidis

Werdener Appeltate

* Teig
* 200 g Butter
* 200 g Zucker
* 1 P. Vanille-Zucker
* 1 großes Ei
* 300 g Mehl
* 1 gestr. TL Backpulver
* Füllung
* 2 kg Boskop-Äpfel
* 50 g Zucker
* ½ gestr. TL Zimtpulver
* 3 gestr. TL Aniskörner (wahlweise)
* Eigelb zum Einpinseln

Aus den Zutaten einen Mürbeteig bereiten und 30 Minuten kühl stellen.

Backofen auf 200 Grad vorheizen, Äpfel schälen und in dünne Scheiben schneiden. Mit Zucker, Zimt und Anis vermengen. Vom Teig einen Boden und einen dünnen Deckel ausrollen. Teigboden in Form bis zum oberen Rand legen. Füllung darauf geben, Deckel aufsetzen und an den Rändern andrücken. Mehrmals mit einer Gabel einstechen.

Im Backofen 1 ¼ Stunde backen. Nach dem Backen mit Eigelb einpinseln und noch mal 2 – 3 Minuten in den Backofen stellen.

(Rezept ist für die große Appeltatenform mit 32 cm Durchmesser, für die kleine Form mit 25 cm Durchmesser die halbe Menge nehmen)

Fallobstkuchen mit Nüssen

* 250 g Mehl
* 1 P. Backpulver
* 1 Prise Salz
* 200 g weiche Butter
* 100 g feiner Zucker

* 100 g gehackte Hasel- oder Walnüsse
* 350 g Äpfel (Fallobst), geschält ohne Kerngehäuse und in Würfel geschnitten
* 2 Eier, aufgeschlagen
* extrafeiner Zucker zum Bestreuen

Backofen auf 180°C (Gas Stufe 4) vorheizen.

Mehl, Backpulver und Salz in eine große Schüssel sieben und die Butterflocken darauf verteilen. Zucker und Nüsse einrühren und die Äpfel untermengen. Die geschlagenen Eier mit einem Metalllöffel sorgfältig unterheben. Die Mischung in eine gefettete Backform geben und etwa 50 Minuten backen, bis an einem hineingestochenen Stäbchen kein Teig hängen bleibt.

In der Form 10 – 15 Minuten abkühlen lassen und auf einen Rost stürzen. Form entfernen und noch etwa 30 Minuten stehen lassen.

Mit extrafeinem Zucker bestreuen und warm servieren.

Teekuchen nach Henriette Davidis

Zum Teig 500 g durchsiebtes und erwärmtes Mehl, 200 g ausgewaschene Butter, 1 Obertasse dicke Sahne, 2 Eier, 2 gehäufte Teelöffel durchsiebter Zucker, 30 g in etwas Milch und Zucker aufgelöste Hefe, 1 Teelöffel Muskatblüte oder etwas Zitronen- oder gehackte Apfelsinenschale. Auf den Kuchen kommen 65 g Butter, Zimt und 130 g gröblich gestoßener Zucker.

Man erwärme die Butter und reibe sie zu Sahne, rühre Sahne, Zucker, Gewürz, Hefe und das Mehl löffelweise hinzu, schlage den Teig, rolle ihn auf einer Platte einen Finger dick aus, lasse ihn langsam aufgehen, bestreiche ihn mit Butter, streue Zucker und Zimt darüber und backe ihn in einem heißen Ofen während 15 Minuten hochgelb.

Man kann den Teig auch mit 250 g Korinthen oder ausgesteinten Rosinen vermengen.

Blumen

Im 18. Jahrhundert wurde die Symbolsprache der Blumen kultiviert. Da hatten dann nicht nur die verschiedenen Blumen und ihre Farben eine Bedeutung, sondern auch die Anordnung und Kombination der Sträuße.

In den bürgerlichen Gärten gesellen sich im 18. Jahrhundert mehr und mehr zu Gemüse, Kräutern und Obst auch Blumen als Zierde und Augenweide. Dieses Miteinander erinnert an die Bauerngärten, die auch immer eine Oase der Ruhe und Erholung waren. Rosen, Wicken und Lavendel blühen an den Wegesrändern. Hortensien, Stockrosen und das Tränende Herz sind echte Hingucker – und in den meisten Gärten wächst auch die Färberdistel. Sie wurde im 16. Jahrhundert aus Ägypten nach Europa gebracht, und in den beiden folgenden Jahrhunderten großflächig angebaut. Mit dem enthaltenen Farbstoff wurde u.a. Seide gefärbt – von rosa bis kirschrot.

So findet man zahlreiche Deutungen und Bedeutungen der einzelnen Art – sag's durch die oder mit der Blume...

Eine kleine Auswahl:
Akelei – *Entschlossenheit*
Butterblume – *Kindlichkeit*
Clematis – *Geistige Schönheit*
Dahlie – *Ich bin dir dankbar*
Eibe – *Ewige Liebe*
Violetter Flieder – *Erste Liebe*
Gänseblümchen – *Unschuld*
Hortensie – *Herzlosigkeit*
Jungfer im Grünen – *Ich will nichts von dir wissen*
Vierblättriger Klee – *Sei mein*
Myrte – *Liebe...*

Quelle:
www.rabenseiten/de/blumiges/bsprache

FUNDGRUBE

Ausblick auf das Ruhrtal bei Stiepel

Ausflugsziele -
Auf Dingerkus' Spuren ins Ruhrtal

FUNDGRUBE

Beschreibung besonderer Orte im Ruhrtal zwischen Kettwig und Blankenstein

Im Ruhrtal zwischen Kettwig und Blankenstein gibt es viele wunderbare Orte. Ich habe meine persönlichen Lieblingsorte aufgeführt, die man mit dem Rad oder zu Fuß erkunden kann. Die Strecke eignet sich auch für kleine Etappen und ist durch Bahn und Bus gut erschlossen.

Kettwig oberhalb Oefte - Hausberg
(schöner Blick auf Oefte)

Etwas versteckt unterhalb des Jugendhaus St. Alfrid liegt dieser Ort, der auch von Mountain Bikern gern als Übungsplatz genutzt wird. Er bietet einen schönen Blick auf Schoß Oefte, in dessen Wäldern vor rund 200 Jahren Räuberbanden ihr Unwesen trieben. Heute kann man als Wanderer oder Radfahrer gefahrlos den Oefter Wald besuchen. Das Schlossgebäude ist leider nicht öffentlich zugänglich und kann nur von außen bewundert werden. Unweit von hier gab es bis in die 1970er Jahre einen Fährmann, der einen „über die Ruhr brachte".

Weiter geht es auf den anderen Ruhrseite in Richtung Werden.

Blick vom Hausberg

Bilstein in Kettwig
(Grenze zwischen Kettwig und Werden)

Schöne Aussicht auf das Ruhrtal zwischen Kettwig und Werden. Der Wanderweg führt abseits der Straße vorbei an Reiterhöfen in Richtung Werden. Früher war hier die Grenze zwischen der Stadt Werden und Kettwig. In der abteilichen Zeit war dies ein besonderer Ort für Kettwiger und Werdener.

Blick auf das Stauwehr

Aussichtspunkt unterhalb „Zur Platte" auf Werden und Baldeneysee

Oberhalb der S-Bahn Station Werden geht es zu einem der schönsten Aussichtspunkte, der vor einigen Jahren wieder „freigeschnitten" wurde. Blick auf Werden, die Ruhrbrücke, das Stauwehr, Villa Hügel und den Baldeneysee. Der Wanderweg geht weiter Richtung Werdener Berg. Etwas versteckt liegt eine Gedenktafel am Anna-Linder-Weg.

Anna-Linder-Weg Werden

Baronin Anna Lindner war Leiterin des Schwedischen Hilfswerks und hat sich in der Zeit der französischen Ruhrbesetzung (1923-25) insbesondere für die Ernährung der Kinder eingesetzt und andere karitative Hilfsprogramme organisiert. Sie kaufte kurzerhand das Huyssen Stift, um es vor der drohenden Enteignung durch die Besatzungsmacht Frankreich zu schützen. Danach gab sie die Klinik an die Gemeinde zurück.

Eine kleine Schneise am Gedenkstein für Anna Linder eröffnet einen Blick auf den Baldeneysee. Der Weg führt weiter auf der rechten Ruhrseite. Nach Überqueren des Bredeneyer Berges geht es in den Kruppschen Wald in Richtung Isenburg.

Isenburg

Neue Isenburg in Heisingen

Die Neue Isenburg ist eine Burgruine, die als Ersatz für Hattinger Isenburg gebaut wurde. Graf Dietrich von Altena-Isenberg hat um 1240 die Neue Isenburg auf einem etwa 150 Meter hohen Bergsporn oberhalb der Ruhr geschaffen. Das felsige Burgareal ist im Osten und Westen durch tiefe Bachtäler und an der Südseite durch einen steil abfallenden Hang zum Baldeneysee begrenzt. Die Burg war damit leicht zu verteidigen und besaß zudem eine strategisch günstige Lage in der Nähe der Kölnischen Straße und des Hellwegs.

Doch nur knapp 50 Jahre nach ihrem Bau wurde die Burg bereits wieder zerstört und verfiel danach zu einer Ruine. Zu Beginn des 20. Jahrhunderts waren kaum noch überirdische Spuren von ihr zu sehen. Erst eine Ausgrabung in den Jahren 1927 bis 1933 legte den heute sichtbaren Baubestand wieder frei. Die Ruine ist frei zugänglich und kann besichtigt werden. Es bietet sich ein schöner Blick auf den Baldeneysee. Bei etwas diesigem oder regnerischem Wetter hat dieser Ort eine besondere Note.

Seltenes Ereignis: Eiszeit auf dem Baldeneysee 2010

Schloss Baldeney

Unterhalb der Isenburg liegt das Schloss Baldeney, das dem See seinen Namen gab. Leider ist die Anlage derzeit nicht zugänglich. Schloss Baldeney ist aus einer Wasserburg des 14. Jahrhunderts hervorgegangen und war ein Lehen der Abtei Werden. Die Herren von Baldeney hatten die Funktion des Erbmarschalls von Werden und zugleich Erbkämmerer der Fürstabtei Essen. 1747 wurde der kaiserliche Hauptmann Freiherr Franz Ernst von Bottlenberg, genannt Schirp, Schlossherr. Seine Familie blieb bis 1968 im Besitz des Anwesens. Die Familie stellte zu Beginn des 19. Jahrhunderts auch den Werdener Bürgermeister.

Von der Isenburg geht es weiter in Richtung Heisingen.

Villa Hügel

Korte Klippe, Heisingen

Korte Klippe, Heisingen

Der Essener Gartenbaudirektor Rudolf Korte gab diesem Ort den Namen. Er gründete den Essener Gartenbauverein und war auch ab 1928 beim Bau des Gruga Parks in Essen beteiligt. Von hier oben hat man einen tollen Blick auf fast den gesamten Baldeneysee und die Essener Stadtteile Fischlaken und Heidhausen. Ein beliebter Ausflugsort nicht nur für Liebespaare.

Im Bereich Korte Klippe und Isenburg laden Gaststätten und Restaurants zum Verweilen ein (Jagdhaus Schellenberg, Heimliche Liebe und Schwarze Lene).

Haus Scheppen und Zum Hohen Kreuz

Von der Korte Klippe geht es vorbei am Fördergerüst der Zeche Carl Funke runter an den See und vom Schiffsanleger Heisingen mit der Weißen Flotte auf die andere Seeseite zum Haus Scheppen. Früher brachten die Fährschiffe die Bergleute zu den Zechen Carl Funke in Heisingen und Pörtingsiepen in Fischlaken. Die beiden Zechen waren unterhalb der Ruhr miteinander verbunden. Haus Scheppen war eines der größten Lehnsgüter der Abtei Werden und existiert bereits im 13. Jahrhundert. Durch die Aufstauung des Sees

FUNDGRUBE

Scheppen im Morgennebel

wird sie zur Wasserburg, was - heute sichtbar - zu erheblichen Beschädigungen geführt hat. Ein Motorrad-Treff hat sich hier etabliert. Leckere Pommes Frites und andere kleine Gerichte gibt es an den beiden Buden.

Von Scheppen erschließen sich die Wanderwege zum Hohen Kreuz nach Fischlaken und weiter entlang des Sees und der Trasse der Hespertalbahn in Richtung Kupferdreh. Ein Abstecher oberhalb auf das Gelände der alten Kaserne belohnt mit einem schönen Blick über den See (Siedlung Alte Kaserne).

Zurück am See und zum alten Bahnhof Kupferdreh. Hier bauen die Museumsfreunde der Hespertalbahn seit 2012 einen Lokschuppen. Die Dampflok von 1961 aus dem Hause Krupp fährt auf der alten Trasse in den Sommermonaten bis Haus Scheppen. Ein großer Spaß für alle Freunde der Eisenbahn. Früher führte die Strecke über Werden weiter ins Rheinland. Es wurden hier vorwiegend Kohlen transportiert.

Das Restaurant im Alten Bahnhof Kupferdreh lädt zu einer Rast ein. Über die alte Eisenbahnbrücke geht es über den Rad- und Fußweg in Richtung Steele.

Brücke Kupferdreh
www.hespertalbahn.de

Stauwehr Baldeney und Regattaturm

FUNDGRUBE

Rote Mühle und alte Schleuse

Die echte Rote Mühle, auch Rohmannsmühle genannt, befindet sich auf der linken Seite der Ruhr. Freiherr Bernhard von Vittinghoff gen. Schell ließ sie 1685 als Schleifmühle zur Herstellung von Gewehrläufen errichten. Im Jahre 1752 wandelte man sie in eine Kornmühle um. Der erste Pächter war der Müller Johannes Rohmann.

Gegenüber der Mühle (rechte Ruhrseite) wurde 1752 ein steinernes Rasthaus gebaut, da die Schiffer nachts auf der Ruhr nicht fahren durften. Im Jahre 1774 ließ Freiherr von Schell eine Schleuse auf eigene Rechnung für die Kohleschifffahrt erbauen. Diese musste in den folgenden Jahrzehnten mehrfach erneuert werden. Die Schleusenkammer ist heute noch erhalten. Wegen der Aufstauung des Baldeneysees waren aber die Schleusentore nicht mehr erforderlich und wurden 1964 entfernt. Fährhaus und Schleuse wurden 1992 in die Denkmalliste der Stadt Essen aufgenommen.

Heute heißt nur noch der Biergarten am Schleusenwärterhäuschen auf der rechten Flussseite „Fährhaus Rote Mühle". Früher ertönte die Glocke, wenn die Fähre die Bergleute aus Heisingen zur Zeche Heinrich auf die andere Ruhrseite brachte. Heute ist dieses Signal zu hören, wenn der Küchenchef das Essen fertiggestellt hat. Direkt an der Anlage vorbei führt der Radfernweg Kaiser-Route von Aachen nach Paderborn und der Ruhrtalradweg.

Es geht weiter in Richtung Steele durch das Naturschutzgebiet Heisinger Aue. Gönnen Sie sich eine Pause und beobachten die zahlreichen Wassertiere.

Nach überqueren der Langenberger Straße geht es vorbei am Restaurant Zornige Ameise und der Bar Celona Finca in Richtung Steele. Auch hier führt der Weg über eine alte Eisenbahntrasse.

Rote Mühle

Ruhrtalradweg

Spillenburger Wehr

Über alte Eisenbahnbrücken erreicht man die Schleuse Spillenburg in Essen-Überruhr. Die neue 40 Meter lange und 6 Meter breite Schleuse wurde auf der rechten Flussseite mit einer Stauhöhe von 2,51 Meter mit Bootsgasse und Fischpass errichtet. Sie ist leider durch die dichten Bäume nur im Winter gut zu erkennen. Die alte Schleuse existiert nicht mehr, sie war durch Bergbausenkungen funktionsunfähig geworden. Im Vorfeld der Schleuse ist eine sogenannte Schlagd zu sehen, wie sie vor der Schiffbarmachung der Ruhr angelegt worden sind, um Wasser anzustauen bzw. Güter umzuladen.

Das noch existierende Schleusenwärterhaus Spillenburg ist leider nicht zugänglich. Es wurde um 1780 als Friedrich II. die Ruhrschifffahrt förderte errichtet. Der letzte Schleusenwärter Franz Arnold Platte lebte bis zu seinem Tode 1951 in diesem Haus. Ab November 1990 aufwändig von den Stadtwerken Essen renoviert, fand hier bis Anfang 2007 eine unternehmenshistorische Ausstellung mit den Themen Gas- und Wasserversorgung, Essener Hafen und Sozialgeschichte statt.

Spillenburg

Weiter geht es auf dem Radweg. An heißen Tag ist ein Stopp im kleinen Schwimmbad des Steeler Schwimmvereins sehr reizvoll. Das Bad liegt direkt an der Ruhr. Hohe alte Bäume spenden Schatten und ein leckeres Eis gibt es auch.

Über die Steeler Ruhrbrücke geht es auf die andere Ruhrseite Richtung Horst und Dahlhausen.

Steele Alter Holteyer Hafen

Standbad Steele

Etwas versteckt und zugewachsen liegt der Holteyer Hafen. An dieser Stelle befand sich eine der wichtigsten Hafenanlagen für die Ruhrschifffahrt. Die Initiative zum Bau eines sogenannten Sicherheitshafens ging von Kaufleuten und Industriellen aus. Bereits 1833 forderten sie eine Anlage, die bei Unwettern, wechselnden Wasserständen, Frost und zur Überwinterung den Kohlenschiffen Schutz bot . Ein Teil des alten Treidelpfades ist im Original erhalten. Eine ähnliche Hafenanlage gab es in Werden mit dem Neukircher Hafen, der nach dem Bau des Baldeneysee verschwunden ist.

FUNDGRUBE

Holteyer Hafen

Die Horster Mühle ist heute ein Wasserkraftwerk im Essener Stadtteil Horst. Die alte Mühle befand sich 300 Meter weiter flussaufwärts. Sie wurde 1319 erstmals urkundlich erwähnt wurde. Sie gehörte den Herren von Horst. Der Maschinenbauer Franz Dinnendahl (* 1775; † 1826) und sein Bruder Johann wurden als Söhne des Müllers auf der Horster Mühle geboren. Die Mühle wurde 1840 vom Essener Industriellen Friedrich Ludwig Niemann übernommen, der in der Nähe eine Villa (heute Villa Vogelsang) als Residenz errichten ließ. 1910 erwarb Wilhelm Vogelsang die Horster Mühle und baute hier eine Carbid- Fabrik; der markante Schornstein ist noch heute zu sehen.

Die Villa Vogelsang liegt hoch über dem felsigen Ruhrtal auf einer Anhöhe. Auf dem parkähnlichen Grundstück befindet sich außerdem in direkter Nähe der Villa eine ehemalige Remise. Villa und Remise stehen unter Denkmalschutz und werden heute als Hotel genutzt. Um das Haus erstreckt sich ein weitläufiger Park, in dem sich ehemals auch ein großes Gewächshaus befand.

Vogelsang

Zusammen mit dem Industriedenkmal Horster Mühle bildet die Villa Vogelsang ein herausragendes Beispiel eines industriellen Ensembles der zweiten Hälfte des 19. Jahrhunderts. Die Horster Schleuse komplettiert dieses. Auch hier ist eine sogenannte Schlagd gut zu erkennen.

Nicht weit entfernt liegt oberhalb der Ruhr das Haus Horst. Ein alter Rittersitz. Die Herren von Horst waren seit dem 13. Jahrhundert Marschälle der Essener Fürstäbtissin. Die Familie war damit in den Stand von Ministerialen aufgestiegen, was dem Rang eines unfreien Ritters entsprach. Damit gehörte sie zu den bedeutendsten Geschlechtern im Gebiet des Reichsstiftes Essen. Der Adelssitz Haus Horst wird jedoch erst in Urkunden des 14. Jahrhunderts genannt - zuvor stand auf dem Areal ein bäuerliches Anwesen. Das Areal ist heute leider nicht öffentlich zugänglich.

Schwimmbrücke Dahlhausen und Schleuse

Die Schwimmbrücke Dahlhausen verbindet Bochum mit Essen-Burgaltendorf. Eine erste Ponton-Brücke dieser Art wurde bereits 1899 erbaut. Sie löste damals den Fährbetrieb ab.

Entspannen im Ruhrtal

Die Schleuse Dahlhausen ist eine der 16 Ruhrschleusen, die im 18. Jahrhundert entstanden. Direkt an der Brücke gibt es für Radfahrer und Wanderer die Möglichkeit zur Rast bei Kaffee und Kuchen. In der Nähe befindet sich das Eisenbahnmuseum Dahlhausen.

Ruhrschleife bei Hattingen mit Isenburg Hattingen

Hattingen

Die Ruhr macht hier bei Hattingen eine gewaltige Kurve, die auch schon die Ruhrschiffer vor 200 Jahren vor gewaltige Probleme gestellt haben dürfte. Bei Hochwasser war der Fluss unkontrollierbar, bei Niedrigwasser konnte er an einigen Stellen zu Fuß überquert werden. Von der Ruhrschleife sieht man hoch über dem Tal die Hattinger Isenburg, die in den Jahren 1193 bis 1199 errichtet worden ist. 1225 durch den Kölner Erzbischof zerstört, ist die Burg heute als Ruine auf einem steilen Felssporn oberhalb der Hat-

tinger Ruhrschleife erhalten. Innerhalb der Ruinen steht das Landhaus Custodis aus dem 19. Jahrhundert. Auch hier ist am Ruhrufer ist ein Teil des alten Treidelpfades im Original erhalten.

Hattingen Schleuse/Mühle

Haus Kliff, in anderen Schreibweisen auch Haus Klyff, Haus Cleef oder Haus Clyff, war ein Rittergut. Es wachte über die Ruhrquerung (zunächst als Furt, später als Brücke) am kleinen Hellweg . Die Burg verfiel Mitte des 19.Jahrhunderts. 1880 wurde auf dem Gelände von Haus Kliff die nach der Familie Birschel benannte Mühle angelegt.

Die Hattinger Ruhrschleuse neben der Mühle wurde 1774 erbaut, in den Jahren 1819/20 umgebaut und ist heute noch betriebsbereit, wenn die Ruhr kein Niedrigwasser führt. 1989 wurden die hölzernen Tore erneuert.

Burg Blankenstein mit Gethmannschen Gärten

Die Gründung der Burg Blankenstein geht auf Graf Adolf I. von der Mark im Jahr 1226 zurück. Nach der Ermordung des Erzbischofs Engelbert I. von Köln legten Gefolgsleute des Kölner Würdenträgers die Isenburg bei Hattingen aus Rache in Trümmer (s. auch oben). Aus den Steinen errichtete der Droste Ludolf von Bönen den ersten Verteidigungsbau an strategisch günstiger Lage oberhalb einer Ruhrfurt auf einem riesigen Felsen, dem „blanken Stein". Von hier aus konnten Reisende und Kaufleute kontrolliert werden, die - einer alten Handelsstraße folgend - die Ruhr unterhalb der Burg überqueren mussten. Graf Engelbert I., der von 1249 bis 1277 regierte, erweiterte die Burg zu einer festungsähnlichen Anlage. Im 30-jährigen Krieg fast vollständig zerstört und abgebrochen, wurde zumindest der Burgturm erhalten. Heute ist in der Burg ein Restaurant untergebracht. Nicht versäumen sollte man, den Burgfried zu besteigen. Von dort hat man einen wunderbaren Blick auf das Ruhrtal und die gegenüberliegende Stiepeler Dorfkirche

Burg Blankenstein

Direkt neben der Burg liegen etwas versteckt und wohl auch vergessen die Reste Gethmannschen Gärten.

Belvedere am Gethmannschen Garten

Der Blankensteiner Bürger Carl Friedrich Gethmann (1777-1865), Sohn und Erbe eines Tuchfabrikanten und Gewerken, Begründer einer Werft an der eben schiffbar gemachten Ruhr, Reeder und Kohlenhändler, bittet am 2. Mai 1806 um Überlassung von Kämmereigrund zwischen seinem bisherigen Garten und der Ruhr. Er wollte „auf diesen Flecken, der eine schöne Aussicht ins Ruhrtal gewähret, eine Partie seines Gartens aus dehnen und eine Anlage zu seinem Vergnügen machen". In einer Beschreibung von 1837 heißt es:

> „Aber nach Westen hin sieht man das krause Bäumchen bei Essen, dessen Sage Krummacher so lieblich bearbeitet hat (Parabeln 3. Bändchen 5. 148 sq.); ferner die Ruine Altendorf, die Dörfer Linden und Niederwenigern, die Ruine Kliff bei Hattingen, den Isenberg und das Städtchen Hattingen."

Der Garten wurde am 19. Oktober 1833 vom preußischen Kronprinzen, dem späteren König Friedrich Wilhelm IV. besucht. In einem Artikel der Märkischen Blätter aus dem Jahre 1868 schrieb man über die Anlage:

> „So bleibt es doch unbestritten, daß der Gethmann'sche Garten vermittelst seiner herrlichen Höhenlage und der effectmachenden, sinnreich und geschmackvoll geordneten Flora den Naturliebhabern etwas ideell Paradiesisches bietet, wie es denselben an zweiter Stelle in Westphalen und Rheinland schwerlich dürfte geboten werden."

Gustav Natorp rühmte 1880 in seinem Buch „Ruhr und Lenne" den Park:

> Wir empfehlen Jedem, bevor er Blankenstein verläßt, den Besuch der Gethmann'chen Gartenanlagen, sowohl um ihrer selbst willen, da sie mir ihren schattigen, vielfach verschlungenen Pfaden einen angenehmen Spaziergang gewähren, als auch wegen des herrlichen Blickes, den man da aus auf die unten in der Tiefe über ein Wehr dahin brausende Ruhr hat. Es ist eines der schönsten landschaftlichen Bilder, die man sich denken kann."

FUNDGRUBE

Ausblick von Burg Blankenstein

Der Park ist heute denkmalgeschützt, wird aber nur wenig gepflegt. So sind ehemalige Aussichten in das Ruhrtal inzwischen fast völlig zugewachsen und nur noch vom Belvedère aus möglich. Richtung Osten kann man bis zum Kemnader See schauen, in Richtung Norden hat man einen schönen Blick auf den Ortsteil Stiepel von Bochum. Im Winter werden die Abhänge im Park zum Rodeln genutzt. Es wäre diesem wunderbaren Ort zu wünschen, dass zumindest alte Blick-und Sichtachsen wiederhergestellt werden.

Quelle: Stadt Bochum, Die Gärten des Carl Friedrich Gethmann in Blankenstein über der Ruhr von Benno Eichholz und die Burg Blankenstein.

www.stadt-bochum.de
www.burgblankenstein.de

Prinzengarten Ettenheim

Stippvisiten - Historische Gartenhäuser in Deutschland

FUNDGRUBE

„Einzelne Gartengebäude lassen sich zu einem besonderen Gebrauch, der zwischen Ergötzung und Bequemlichkeit liegt, bestimmen". schreibt um 1780 Christian Cay Lorenz Hirschfeld in seiner „Theorie der Gartenkunst".

Hirschfeld ist Professor der Philosophie und Kunstgeschichte und der schönen Künste an der Universität zu Kiel. Er lebt von 1742 bis 1792 und ist ein Gartentheoretiker der Aufklärung. In seiner fünfbändigen Theorie der Gartenkunst beschreibt er detailliert Form, Funktion und Aussehen von Gärten und Parks sowie deren Bestandteile. Der dritte Band widmet sich den Gartengebäuden zu denen auch die Gartenhäuser gehören.

Er ist Verfechter der englischen Landschaftsgärten. Unterschieden wird nach Gartenhäusern, die in ausgedehnten Parks vornehmlich dem Adel dienen und kleineren Gebäuden die als Einzelobjekte gebaut werden. Hirschfeld formuliert seine Idealvorstellungen.

„Ein Garten verträgt nicht immer ein Gebäude, die ein anderer zu fordern scheint. Man muss, ehe man sie wählt, zuerst auf die Lage, den Charakter und die Einrichtung eines Gartens Rücksicht nehmen und daraus beurteilen, was sich für ihn schickt. Kleinere Gärten müssen es nicht wagen, die größeren in Anlehnung des Reichtums der Gebäude nachahmen zu wollen; denn nichts ist unerträglicher, als einen Platz der den Schönheiten der Natur gewidmet sein soll, mit Gegenständen der Kunst überladen zu sehen".

„Ein Garten darf niemals unter irgendeinem Vorwande so übermäßig durch Gebäude belebt werden, dass er allen Anteil an Ländlichkeit und Einsamkeit verliert und sich den Anleihen der Stadt nähert".

Auch hier sieht man die Idee einer bürgerlichen Welt, die der Stadt entflieht, um in Einsamkeit und ungestört die Schönheiten der Natur genießen möchte.

Zur Farbgebung von Gartengebäuden erläutert Hirschfeld wie folgt:

„Auch selbst die zum äußeren Anstrich gewählte Farbe trägt mehr oder weniger zur Wirkung bei, unterstützt oder schwächt sie. Das

GARTENTHEORIE BAND III

von Christian Cay Lorenz Hirschfeld

Leuchtende und Glänzende schickt sich wohl nicht in einem Garten; zu viel Licht blendet und zu wenige erhellt nicht genug. Und jedes Gebäude muss mehr durch Form und Anordnung als durch Anstrich charakterisiert sein. Die Tendenz bei Gartenhäusern geht dabei wohl eher zu Grauweiß oder Hellweiß. Kräftiges Rot oder Grün soll lieber den Pflanzen und Bäumen der Natur überlassen werden.

Weiter heißt es: „Außerdem ist es notwendig, dass die Gebäude zuvorderst mit dem Charakter des Ortes, wo sie sich zeigen, übereinstimmen. Bei der Verbindung der Gebäude mit ihren Revieren ist vornehmlich darauf sorgfältige Rücksicht zu nehmen, dass sie gerade die Lage erhalten, wodurch ihre Wirkung am meisten gewiss und deutlich empfunden wird".

Auch Goethe schätzte Hirschfeld sehr. Bei der Vorlage für eine neue Gartengestaltung im Park an der Ilm im Jahre 1831 - also kurz vor seinem Tod - beklagt er, dass der Entwurf *„nicht in die friedliche Zeit von Hirschfeld und anderen Gartenfreuden gekommen sei, wo ein tiefer Friede den Menschen Mittel und Muße gab, mit ihrer Umgebung zu spielen".*

(zitiert nach Aehrendt/Aepfler, Goethes Gärten in Weimar, S. 55. Leipzig 1994)

Wenn wir uns die Situation um 1790 bei der Entstehung des Gartenhauses Dingerkus vor den Toren der Stadt Werden anschauen, so waren Bauherr und Architekt ziemlich nah an den Theorien von Hirschfeld. Bei einer Gartengröße von fast 4000 m² nimmt das Gebäude Rücksicht auf den Charakter der unbebauten Umgebung. Oberhalb des Flusses etwas erhöht auf dem Ringberg in einem Obstgarten mit Streuobstwiesen gelegen, dient es seinen Benutzern der Aussicht auf die Umgebung, ohne zu stören. Die Farbgebung ist eher zurückhaltend. Erst die Bebauung der Umgebung und die Zerstörung der historischen Situation aus dem 19. Jahrhundert lassen die ungehinderte Harmonie zwischen Haus und Garten verschwinden. Trotz alledem darf man froh sein über den Erhalt dieses Gartenhauses und den nur noch rd. 500m² großen Garten.

In verschiedenen Zeichnungen um 1800 werden noch zwei weitere Gartenhäuser nah am Ruhrufer dargestellt. Eines davon gehörte dem Landrichter Müller, das um 1833 zum Verkauf angeboten wird. Weitere Informationen gibt es hierzu leider noch nicht.

Eine kleine Auswahl bürgerlicher Gartenhäuser soll das Interesse an dieser besonderen Architekturform wecken. Beschrieben werden Beispiele aus der näheren Umgebung des Ruhrtales, aus Münster, aus Süddeutschland und natürlich aus Weimar bzw. Jena. Dort sind die wohl berühmtesten Gartenhäuser von Goethe und Schiller zu besichtigen.

FUNDGRUBE

Gartenhaus Schwelm

Errichtet wurde das Gartenhaus von der Unternehmerfamilie Braselmann, die im 18. Jahrhundert zunächst Rasenbleichen und später eine Färberei betrieb. Das Häuschen wurde in der Nähe der Fabrik um 1800 errichtet, und für die Familie und ihre Gäste, die mit Pferd und Wagen dorthin fuhren, genutzt. Im Jahr 1807 wurde der Braselmannsche Betrieb durch eine mechanische Bandweberei und Litzenfabrik erweitert und der Pavillon mit in die Gartengestaltung integriert. Heute wird der achteckige, eingeschossige Massivbau als privates Wohnhaus genutzt.

Quelle: Westfälische Rundschau 2008
Hattinger Str. 45, Schwelm
Privatbesitz kein Zugang möglich
Foto: Peter Bankmann

Historisches Gartenhaus Radevormwald

Erbaut wurde das Rokoko-Gartenhaus 1772, was zwei Schiefertafeln über dem Eingang belegten. Erfreulicherweise blieb es beim großen Stadtbrand vom 24.08.1802 verschont, da es sich außerhalb der Stadtmauern befand. Somit ist es das älteste Gebäude der Innenstadt. Als vor 1930 die Decke erneuert wurde, kamen beim Abriss 4 Bilder, welche die 4 Jahreszeiten darstellten, unter einer dünnen Putzschicht zum Vorschein. Die Unterschriften waren in französischer Sprache abgefasst, die vermutlich aus der Franzosenzeit stammten. Schon damals stand das Rokoko-Gartenhaus unter Denkmalschutz, leider aber ließen die Besitzer es verfallen (es befand sich in privater Hand).

Es dauert einige Jahre, bis die Stadt Radevormwald das Häuschen 1984 aus Privatbesitz kaufen konnte. Es war stark renovierungsbedürftig und wurde mit Hilfe von Spenden wiederhergestellt. Das Gebäude musste seinen ursprünglichen Standort verlassen und wurde vollständig auseinandergebaut und Stück für Stück zum neuen Standort transportiert. Die Einweihung des fertig gestellten Gartenhauses erfolgte im Dezember 1986.

Quelle: Stadt Radevormwald,
Telegrafenstraße in Radevormwald
im Bürgerpark
Foto: Medienarchiv der Wirtschaftsförderung Radevormwald

Twiete 6 und Twiete 8, Arnsberg

Quelle: Stadt Arnsberg
www.stadt.arnsberg.de
www.buergergaerten.de
Fotos: Hans-Jürgen Landes

Gartenhäuser und Pavillons in Arnsberg - Die Gartenhäuser „Twiete 6" und „Twiete 8"

Mit der Zugehörigkeit zu Preußen ab 1816 wurde Arnsberg Regierungssitz und erlebte mit den nach Arnsberg ziehenden preußischen Beamten eine rege Bautätigkeit. So entstand unter der Oberaufsicht des königlichen Hofarchitekten Karl Friedrich von Schinkel zwischen 1816 und 1841 rund um den neu angelegten Neumarkt ein preußisches Regierungsviertel „à la Berlin".

Als Kompensation für die schmalen Grundstückszuschnitte entlang der Königstraße erhielten die Eigentümer der dort errichteten Bürgerhäuser die Möglichkeit, die dahinter liegenden Flurstücke bis hinunter zum Mühlengraben hinzuzukaufen. Diese Grundstücke wurden gärtnerisch gestaltet und als „grüne Refugien" der Freude, Schönheit und Erbauung häufig mit Gartenhäusern ausgestattet. Während die Wohnhäuser im Stil des an Schinkel orientierten preußischen Klassizismus erbaut wurden, bilden die Gartenhäuser ein eigenständiges baukünstlerisches Element im Garten und entsprachen damit der zeitgenössischen Auffassung von Architektur. Mit der sich anschließenden Waldkulisse sollten die Gartenhäuser für den Betrachter eine romantische Kulisse suggerieren.

Die Wiederherstellung zweier Gärten mit ihren Gartenhäusern soll zum Verständnis von Landschaft und Gartenkultur zu Beginn des 19. Jahrhunderts beitragen. Hierzu hat die Stadt Arnsberg im Jahr 2005 die Grundstücke erworben und auf der Grundlage einer Untersuchung zur Geschichte und zu den Entwicklungsmöglichkeit

der Gärten und Gartenhäuser die Gartenhäuser zwischen April und Dezember 2008 fach- und denkmalgerecht restauriert.

In mehreren Bauabschnitten werden nun die Gärten gestaltet und der Öffentlichkeit übergeben. Der Verein Bürgergärten kümmert sich um die Gärten.

FUNDGRUBE

Pavillons im Park von Schloss Schellenberg - Essen-Rellinghausen

Es handelt sich nicht um bürgerliche Gartenhäuser. Auf Grund der Nähe zu Essen-Werden sollen sie jedoch hier erwähnt werden. Das Schloss wird bereits 1313 erstmalig erwähnt und ist seit dem 15. Jahrhundert im Besitz der Familie Vittinghoff gen.Schell.

Um 1674 entsteht im Park ein barocker Pavillon (Lustpavillion), achteckig, mit großer zwiebelförmiger Haube und achteckigem Türmchen über der Tür, zu der eine Freitreppe mit steinerner Brüstung hinaufführt. Das Vittinghoffsche Wappen und Inschrift Tafel sind zu erkennen. Ein weiterer Pavillon, der „Adam- und Evapavillon", liegt im westlichen Teil des Parkes. Er ist etwas später entstanden. Die exotischen Gehölze und das damals angelegte Wegesystem des Schlossparks sind im Wesentlichen bis heute erhalten.

Quelle: www.schloss-schellenberg.de
und wikipedia (Grafik)
Bürgerschaft Rellinghausen
www.buegerschaft-rellinghausen.de
Fotos: Peter Bankmann

Historisches Gartenhaus im Bürgerpark Osnabrück

Um das Jahr 1800 wurde dieses historische Gartenhaus mit Krüppelwalmdach gebaut. Das klassizistische Gartenhaus stammt aus einer Zeit, in der erstmals vor den Stadtwällen vom Bürgertum Gärten zur Erholung und nicht vorrangig zum Obstanbau angelegt wurden. In diesen Gärten wurden auch feste Gartenhäuser errichtet. Schon damals bei der Anlage des Bürgerparks wurde das Gartenhaus (heute ist es denkmalgeschützt) in das Gesamtkonzept mit einbezogen. Es wurde von dem damaligen Ausflugslokal „Friedenshöhe" mitgenutzt. Nach dem 2. Weltkrieg diente es als Wohnhaus, stand dann jahrelang leer und verfiel zusehends. „Genutzt" wurde es schließlich noch von Obdachlosen und als geheimnisvolles vergittertes „Hexenhäuschen" bei abenteuerlichen Streifzügen von Kindern. Heute dient es dem Studentenwerk Osnabrück als Studentenwohnung. Zwei Personen finden hier Platz.

Gartenhaus am Bürgerpark
Veilchenstraße 22 B, 49088 Osnabrück
Quelle und Foto:
Studentenwerk Osnabrück
www.studentenwerk-osnabrueck.de

Prinzengarten Ettenheim

In der Nähe von Freiburg im Breisgau liegt der Prinzengarten Ettenheim. Der „Garten beim Thomastor am Ringsheimer Weg" wird 1721 zum ersten Male urkundlich erwähnt. Nach mehrfachem Wechsel der Eigentümer, war er ab 1790 im Besitz der Bürgerschaft und verschiedener Privateigentümer. Die Stadt Ettenheim erwirbt Teile des alten Gartens 1959 und 2001. Im Rahmen der intensiven Beratungen zur Stadterneuerung Ettenheims in den 90er Jahren wurde auch erwogen, auf dem Gelände des damaligen „Kopp'schen Gartens" Parkplätze zur Entlastung der Innenstadt zu schaffen. Dieser Gedanke führte in 2001 zur Gründung des „Freundeskreis Prinzengarten Ettenheim e.V.", der sich seitdem um die Sanierung und Neuanlage von Garten und Gartenhaus kümmert.

Freundeskreis Prinzengarten e.V.
Birkenweg 19, 77955 Ettenheim
www.prinzengarten.de
Foto: Peter Bankmann

Ein Küchengarten und ein Obstgarten sowie freie Wiesenflächen ergeben einen Garten nach barocken Vorbildern.

Teehaus Forchtenberg

Die Gemeinde Forchtenberg liegt im Landkreis Hohenlohe in Baden-Württemberg. Über das Teehaus gibt es leider keine ausführlichen Informationen. Nur so viel: Es entsteht um 1700 und wird 1977 wegen Baufälligkeit komplett neu aufgebaut. Die Kosten hierfür betragen 70.000 DM. Heute wird das Teehaus für Hochzeiten, Veranstaltungen und Gemeinderatssitzungen genutzt.

Quelle und Foto: Stadt Forchtenberg
Hauptstraße 14, 74670 Forchtenberg.
www.forchtenberg.de

Gartenhaus in Tübingen

Bereits in der Renaissance-Zeit wurden in Tübingen erste Gärten entlang der Ammer angelegt, da in der Stadt kein Platz für solche Grünanlagen war. Für den Aufenthalt im Garten benötigte man eine Unterkunft, die gegen die Unbilden der Witterung Schutz gewährte. Um 1760 ließ sich Johann Friedrich Cotta, Kanzler der Tübinger Universität, dieses Gartenhaus errichten. Es diente damals zwar nicht zum Wohnen, war aber wohnlich ausgestattet. Das Gartenhaus übernahm häufig in Anspruch und Gestaltung die Aufgabe eines kleinen Schlösschens. Mit dem Bau dieses barocken Gartenhauses wurde auch der Garten neu angelegt und diente vor allem der Repräsentation. Es stand früher am Ende der Hauptachse der barocken Ziergartenanlage und diente als point-de-vue zur Ammer hin. Seit 1867 wurde das Gartenhaus als Studentenbude genutzt. Nach einer Renovierung ist der ehemalige Gartensaal heute wieder „Studentenbude".

Herrenberger Straße 9/8, Tübingen
Quelle und Foto: Schwäbischer Heimatbund

1 | Gartenhaus am Wohnhaus Frauenplan

2 | Gartenhaus im Park an der Ilm, Weimar

Quelle: Klassik Stiftung Weimar
www.klassik-Stiftung.de
Fotos: Peter Bankmann

Goethes Gartenhäuser in Weimar

Goethe besaß zwei Gartenhäuser in Weimar. Das bekanntere ist das ehemalige Weinberghaus im Park an der Ilm. Es ist wohl gegen Ende des 16. Jahrhunderts erbaut und war Johann Wolfgang Goethes erster eigener Wohnsitz in Weimar. Wenige Monate nach seinem Eintreffen in Weimar ersteigerte er es 1776 zusammen mit dem dazugehörigen Garten. Die Finanzierung übernahm Herzog Carl August von Sachsen-Weimar und Eisenach. Bis zu Goethes Umzug in sein großzügiges Wohnhaus an den Frauenplan im Juni 1782 war das Gartenhaus sein hauptsächlicher Wohn- und Arbeitsort. Im Garten am Frauenplan gibt es ebenfalls ein Gartenhaus, in dem Goethe seine umfangreiche Mineraliensammlung untergebracht hatte. Sie kann heute beim Besuch des Goethemuseums besucht werden; auch der Garten ist im Sommer zugänglich.

Nach dem Umzug an den Frauenplan besuchte Goethe das Anwesen an der Ilm nur noch gelegentlich. Erst im Alter wurde es ihm wieder ein wichtiger Rückzugsort für ungestörte Arbeit. 1830 veranlasste Goethe den Bau des klassizistischen, weißen Gartentores und die Verlegung der Kieselmosaike nach pompejanischem Vorbild.

Nach Goethes Tod entwickelte sich das Gartenhaus zu einem Wallfahrtsort der Goetheverehrung und wurde 1886 als Memorialstätte eröffnet. Seit der Restaurierung in den Jahren 1995/1996 ist das Hausinnere in der von Goethe gewählten Farbigkeit wiederhergestellt. Das Gedicht zu seinem Gartenhaus hat Goethe mehrfach variiert.

Hier zwei Versionen:

Übermüthig sieht's nicht aus
Dieses stille Gartenhaus
Allen die darin verkehrt
Ward ein guter Muth bescheert

Uebermüthig sieht's nicht aus,
Hohes Dach und niedres Haus;
Allen, die daselbst verkehrt,
Ward ein froher Muth bescert.
Schlanker Bäume grüner Flor,
Selbstgepflanzter, wuchs empor,
Geistig ging zugleich alldort,
Schaffen, Hegen, Wachsen fort.

Goethe

Gartenhaus Kirms-Krachow in Weimar

Der Weimarer Hofrat Franz Kirms bewohnte das Wohnhaus in der Jakobstraße 10 mit seiner Familie. Es war seit 1701 Familienbesitz. 1750 erfolgte der Ankauf eines benachbarten Grundstücks zur Erweiterung des Gartens. Hier entstand 1754 das barocke Gartenhaus. Franz Kirms Nichte - Charlotte Coelestine Krackow - pflegte das Anwesen mit Haus und Garten bis zu ihrem Tod 1915 im hohen Alter von 92 Jahren. Der Innenzustand des Wohnhauses entspricht der Biedermeier Zeit. Der Garten wurde 1956–1958 nach Plänen des Landschaftsarchitekten Hermann Schüttauf rekonstruiert. Dieser wiederum war auch beteiligt an der Gestaltung des Park an der Ilm. Zum Jahr der Kulturhauptstadt Europas 1999 wurde der Garten nochmals erneuert. Heute gehört das Anwesen der Stiftung Thüringer Schlösser und Gärten. Haus und Garten können besichtigt werden.

Quelle: Stiftung Thüringer
Schlösser und Gärten
www.thueringerschloesser.de
Foto: Peter Bankmann

Schillers Gartenhaus in Jena

Friedrich Schiller, seit 1789 in Jena ansässig, kaufte das Gartenhaus vor den Toren der Stadt im März 1797 für 1050 Taler. Mit seiner Frau Charlotte, mit seinen zwei kleinen Söhnen und mit drei Dienstboten verbrachte er hier die Sommermonate der Jahre 1797 bis 1799. In dieser Zeit entstanden viele seiner Balladen, wesentliche Teile der Dramentrilogie „Wallenstein" sowie der Anfang von „Maria Stuart". Nach dem Umzug nach Weimar weilte Schiller im April 1801 nochmals einige Wochen im Jenaer Gartenhaus und schrieb Teile der „Jungfrau von Orleans".

Als Schiller im Dezember 1799 nach Weimar zog, verpachtete er zunächst sein Haus und Grundstück in Jena. 1802 verkaufte er es dann an den Juristen Thibaut, da er in Weimar ein stattliches Bürgerhaus erworben hatte, das heute Schillermuseum ist. Nach einem historischen Gartenplan, den Schiller einst von einem Studenten der Mathematik geschenkt bekommen hatte, wurde das Grundstück in der zweiten Hälfte des 20. Jahrhunderts rekonstruiert. Das Gartenhaus gehört heute der Friedrich-Schiller-Universität Jena. Es kann täglich besichtigt werden.

Gemälde Wilhelm von Lindenschmitt um 1860 erstellt zeigt eine Szene aus Schillers Garten in Jena u.a. mit Charlotte von Schiller, Johann Gottfried Herder. Goethe, Wieland und die Brüder Wilhelm und Alexander von Humboldt.

Schillers Gartenhaus
Schillergäßchen 2, 07745 Jena
Foto: JenaKultur, Andreas Hubna

Quelle: www.uni-jena.de/Gartenhaus
Literatur: Thomas Pester

FUNDGRUBE

Wielands Gartenhaus in Biberach

Christoph Martin Wieland (1733- 1813) war ein großer deutscher Dichter, Übersetzer und Herausgeber der Aufklärungszeit. Von 1760-1769 war er Senator und Kanzleiverwalter in seiner Heimatstadt Biberach. So wie Goethe in Weimar und Schiller in Jena sucht er sich für seine literarische Arbeit ein Gartenhaus im Grünen. Seit Sommer 1766 hatte er sich nahe der Stadt in einem etwas einsamen Ort ein Gartenhaus gemietet. Hier fand er in Mußestunden die notwendige Ruhe, um sich ganz seinen literarischen Vorhaben widmen zu können. Das Gartenhaus beherbergt heute das Wieland-Museum und kann von April bis November besichtigt werden.

Quelle und Foto:
Wieland-Museum Biberach
Saudengasse 10/1, 88400 Biberach an der Riß
www.wieland-museum.de

Gartenhäuser in Münster/Westfalen

In und um Münster entstanden in 17. und 18. Jahrhundert ein Vielzahl von Gartenhäusern, die zu unterschiedlichen Zwecken genutzt wurden. Neben den Hausgärten einfacher Leute entstanden auch bürgerliche Gartenhäuser, die insbesondere vom westfälischen Architekt Johann Conrad Schlaun entworfen wurden. Ein schönes Beispiel seiner Arbeit steht heute an der Josefstraße.

Das Gebäude entstand 1749 zunächst im Gartenring außerhalb der Stadt in der Karstraße. 1911 wurde es dort abgetragen und an der Josefstraße wieder aufgebaut. Dort dient es heute einer Stiftung als Sitzungsraum. Zwei weitere Gartenhäuser stehen in der Goldtraße (Eigentum Bistum Münster) und im Park des ehemaligen Schmisinger Hofes in der Neubrückenstraße. Alle drei genannten Gartenhäuser sind nicht frei zugänglich.

Quelle und Foto: Unser Weg ins Paradies, Gartenhäuser in Münster und im Münsterland Uta Ribbert, Münster 2012

Gartenhaus in Randersacker

Quelle: Touristinformation Randersacker, Fremdenverkehrsverein e. V., Maingasse 9, 97236 Randersacker

www.randersacker.de

Der große Barockbaumeister Balthasar Neumann hat dieses hübsche Gartenhaus um 1750 erstellt. Es wurde auf dem Grundstück gebaut, das von seinem Schwiegervater stammte. Seine Frau Maria Eva Schild stammte aus dem Edelhof, einem heute noch bekannten Weingut.

Heute werden im Gartenhaus standesamtliche Trauungen vollzogen, kleine Weinproben, Dichterlesungen und Ausstellungen durchgeführt.

Der Main erstreckte sich früher bis zum Pavillon, deshalb hat Balthasar Neumann eine Mauer aus heimischem Muschelkalk errichten lassen, um die Gärten vor Hochwasser zu schützen. Auf diese Mauer hat er sein Gartenhaus aufgesetzt. Das zweigeschossige Gartenhäuschen mit eingezogenen Ecken, Rokokokapitellen und welscher Haube ist ein barockes Kleinod. Die baulichen Maße widerspiegeln den goldenen Schnitt. Am Pavillon sind es Höhe und Breite der Obergeschoßfenster, Länge und Breite des Hauses oder das Verhältnis von Obergeschoss- zu Erdgeschosshöhe. Alle Materialien entsprechen denen der Würzburger Residenz. Das Erdgeschoss aus Randersackerer Stein, das Obergeschoss aus Werksandstein vom Würzburger Faulenberg, das Dach geschiefert, der Fußboden des Obergeschosses Solnhofener Marmor. Es ist das kleinste Haus, das Balthasar Neumann je gebaut hat und das am wenigsten veränderte aller seiner Bauten.

Gegen Kriegsende beschädigte eine Granate das Dach. Ein reicher Amerikaner - so wird erzählt - wollte den Pavillon 1948 kaufen, einlegen und in den USA wieder errichten lassen. Der Markt Randersacker erwarb und sanierte das Prunkstück 1990.

FUNDGRUBE

Weinberghäuschen

Weinberghäuschen dienten zunächst als Wetterschutz und Gerätelager. Später wurden dort oft auch Weingesellschaften abgehalten. Besonders im 18. und 19. Jahrhundert entstanden neben rein funktionalen Bauten auch Repräsentations- und Wohngebäude. Sie geben einem Weinbaugebiet einen unverwechselbaren Charakter.

Breisgau
Foto: Peter Bankmann

Coburg
Foto: Uta Ribbert

...genheit ...fection höflichst ehmefehlen, und mit vorzü-
...rschüung erstarben werden

Mademoiselle

Ma tres chere, et tres

Honoree Amie

...uß

d. 23. 10bry

Votre tres humble et tres
fidelle serviteur
und auffrichtigster ...
J. E. Dingerkuß

*Brief von Johann Everhard Dingerkus
an seine Verlobte im Jahr 1753*

„...laßen Sie sich an nichts Mangelen" - Dingerkus in Briefen und Dokumenten

FUNDGRUBE

Dem Ur-Ur Enkel von J.E. Dingerkus, Stefan Wilhelm Wulff, ist es zu verdanken, dass wir heute im Stadtarchiv Essen Briefe, Urkunden und Dokumente einsehen können. Besonders die im Jahre 1796 während der Verhaftung von Dingerkus entstandenen 21 Briefe mit seiner Familie sind im Original erhalten und geben ein Zeugnis über das Leben zu Beginn des 19. Jahrhunderts. Eine kleine Auswahl ist hier aufgeführt. Der Autor dankt Herrn Franz Josef Schmitt aus Essen-Fischlaken für die „Übersetzung" der Texte. Die unterschiedlichen Schreibweisen in den Briefen sind beibehalten worden, um die Aussagekraft der Originaldokumente zu erhalten.

Briefe aus der Haft

BRIEF AN DINGERKUS
Werden, 31. Januar 1796

Werden, d(en) 31ten Jenner 1796

Lieber Mann und Vater
Ihren lieben tröstlichen Brief vom 25ten dieses haben wir zwar mit vieler Freude erhalten und gelesen, allein weit erfreulicher würde es für uns gewesen sein, wenn wir Sie persöhnlich wieder hier bey uns gesehen und umarmen können. Wir sehen Ihre Zurückkunft täglich und stündlich mit größter sehnsucht entgegen; besonders unsre Mutter die - unerachtet, daß Sie immer gute Nachricht von Ihnen erhält - sich doch nicht trösten laßen will; dies rürt auch viel daher, weil dahier allerhand böse Nachricht von Ihnen und Ihrem h(er)rn Gesellschafter ausgestreut werden, welches Erdichtung und Verleumdungen von Ihren Feinden sind. Mein Bruder und ich glauben von allem dem nichts; allein unsre Mutter, wenn Sie so etwas hört, wird darüber ganz unruhig und betrübt; seyn Sie doch so gut und schreiben Ihr, daß Sie sich daran gar nicht das geringste Stöhren soll. Wir erfreuen uns indeßen von ganzem herzen über Ihre und ihres h(er)rn gesellsch(af)ters gute gesundheit und daß Ihr Arrest in etwas erleichtert ist und hoffen, daß Sie bald daraus erlößet werden; die sache selbst könnte vielleicht langwierig werden, wenn Sie bis zu Ende derselben da sitzen sollten, so könnte der Arrest noch sehr lange dauren. Sie sind ja gesessene leute und man könnte Sie gegen Caution ihres Arrestes

entlaßen; daß man ihnen mit aller Achtung begegnet, ist nicht mehr als billig, denn Sie haben nichts böses getan und kein Verbrechen begangen; und es ist auch unsre wenigste sorge, daß man Sie irgend eines Verbrechens beschuldigen könnte. Man möchte dann auf eine despotische art gegen Sie verfahren; daß wir aber dies nicht zu befürchten haben, davon sind wir von der Gerechtigkeit seiner K(öniglichen) Majestät von Preußen völlig überzeugt. Die hiesige Abtey wendet auch alles an und giebt sich alle Mühe, Sie Ihrer Gefangenschaft bald zu endledigen und Ihnen völlige Satisfaction (Genugtuung) zu verschaffen.

Es ist ein wahrer Trost für uns, daß Sie öftern Besuch von den h(er)r(e)n officiers erhalten und daß man Sie in die Stadt gehen läßt, Sie würden sonst entsetzlich von der langweile geplagt werden und Ihr Arrest würde Ihnen ohne dieses deßto unerträglicher sein. Was Sie zur nachricht wegen dem bekannten etc(etera) ahnschreiben haben, ist denen H(er)r(e)n, die Sie bemerkt haben, gleich bekannt gemacht worden und die Abtey wird darinn Ihrem Rathe folgen. Wir schicken Ihnen hiebey 1 pfundt Kölln(ischen) Nickel Taback, weil Sie diesen lieber als andere schnupfen; sollten Sie ferner leinwand oder andere Sachen nötig haben, so belieben Sie nur zu schreiben und Sie können das schmutzige Leinwand mit umgehender Brodkarre hiehin schicken. Der alte Tüschen war diesen Morgen bey uns und erzälte, daß Er seinem Sohn aufgetragen hätte, Sie täglich zu besuchen und Ihnen alle Veränderung anzuthun. Er erpfielt sich bestens und wünscht auch, Sie bald wieder hier zusehn; sollen Wir Ihnen auch die ankommende Briefe zu schicken? es sind deren schon zwey von Düsseldorf die vorige woche gekommen; vielleicht ist etwas darangelegen.

Wenn Ihre Gefangenschaft noch lange dauren sollte, so kann ihre Tochter es nicht länger über das herz bringen, Sie nicht einmal zu besuchen;

der h(er)r Prior Küchenm(ei)st(e)r, Praesident Senior Brockhoff und übrige h(er)r(e)n Geistliche wie auch hiesige weltliche gute Freunde - besonders Ihr h(er)r Collega, der h(er)r Lauten - Empfehlen sich beßtens und erstere ermangeln nicht, täglich Sie in Ihr h(eiliges) Memento einzuschließen und den höchsten Gott zu bitten, daß Er ferner Ihre theure gesundheit erhalten und Sie uns bald wieder schenken möge. Sie müßen es ja nicht vergeßen, uns einige täge vorhinzu schreiben, wenn Sie wiederkommen, damit wir Ihnen mit einigen guten Freunden entgegen kommen können; die jün-

FUNDGRUBE

gere Stadt haben schon zweimal sich nach Ihnen erkündiget und viele Briefe geschickt, letzterer kom(m)t hiebey; daraus werden Sie ersehen, daß Sie Ihre wahre Freunde sind.
Leben Sie Übrigens recht wohl und laßen Sie sich an nichts Mangelen. Wir Empfehlen und Umarmen Sie tausendmal und sind mit dem Wunsch, Sie bald persöhnlich wieder zu sehen, lebenslänglich

Ihre Getreue Gattinn und kinder
S(ophia) W(ilhelmine) *Dingerkuss ne'e Funcke*
S(tephan) B(enedikt) *Dingerkus*
M(aria) A(gnes) *Dingerkus*

Es komt mir Je länger und Empfindlicher vor, deine liebe gegenwart auff diese ait zu Entbehren; ich habe dich tag und nacht in gedancken und seuffze nach dir, es schwebt mir dein bildt stets vor augen
adieu, adieu mille foi

Viele compliments von M. Balduin; selbiger macht täglich ein memento vor dir.

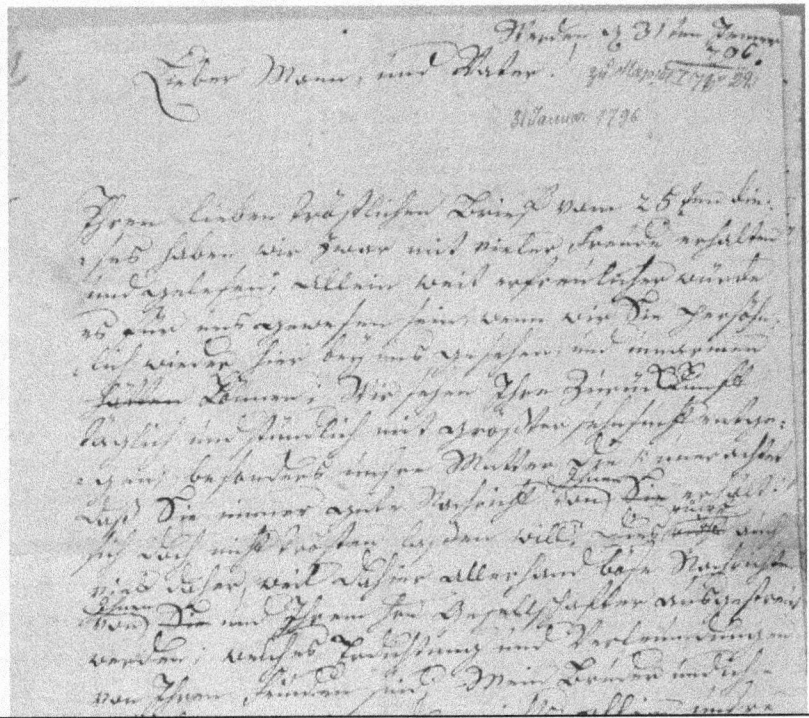

BRIEF AN DINGERKUS
Werden, 29. Mai 1796

Liebster bester Ehegatte
dein letzteres vom 25ten May mir sehr angenehmes schreiben habe ich richtig durch hießigen H(errn) N. erhalten und mit freuden dein gutes wolsein darauß erlesen, welches ich dir auch von uns sämtlich annoch versichern kan; gott gebe, daß selbes von stäter dauer bis zu unßerm fröhligen Wiedersehen möge sein, welches hoffentlich nunmehro baldigst auff die Erleichterung und ietzo mehrere freyheit Eures arest bald erfolgen würde.
Ich dancke dir taußentfältig vor alle die überschickte Sachen, welche uns sehr angenehm waren, welches alles wir richtig erhalten; wan dergleichen productes, so in dem kleinen schägtelgen waren, noch mehr zu haben sint - welche gut in der haußhaltung waren, weilen selbes dahier sehr teuher sint und man noch etwas dahdurch ersparen kan - würde mir angenehm sein; ich bedaure nichts mehr, das ich von dahier auß dich nicht mit einen gegenpresent wieder erfreuen kan, weilen dir bekant, das dahier nichts besondres zu haben ist. Ich wünsche dir hiermit auß treuvollen hertzen glück zu deinen albereits Erlebten geburtstag und drücke dich mit trähnenvollen Augen an meine beklemmte brüst, küße dich in gedancken unseglichmal; der große gott wirdt geben, das du die künfftige geburtsäge, die der himmel dich wirdt zu erleben verleihen, nebst mir und unßern beyden kindern in beßeren Vergnügen und glücklichern umstenden Erreichen werde lasen; zu welchem Ende ich an selben morgen die h(eilige) meeß opfern vor dich habe beygewohnt; welches ich täglich nicht unterlase. Ach were doch einmal die gesetzte Zeit um, das du und ich uns einander wieder umarmen könten; ich zehle täge und stunden;
die wandersüchtige frau N. N. wird nun mehro woll wieder mit sack und pack aldah angelangt sein; sie hat uns nicht sagen oder fragen lasen, ob wir etwas an dir zu besorgen haten; sie ist uns nun gantz böße, weilen es ihr mit unsern hauße nicht nach ihrem vorhaben, wie sie wolte, gelungen ist; sie hält sich ietzo mit der frau gr(äfin) von Dalwigh immer auff; des tractirens und visite zu machen weret immer; sie ist nun in ihr Eigen hauß eingezogen und hat selbes im unterteihl gantz verendern lasen. Worein sie 6 arbeits leutt bey die täg gehabt; welches, wie man dencken kan,

vieles gekostet; und Ihr stiefftöchter gen hat sie nach Eßen bey den
französchen Nonnen in die pension gebracht; und dencke mahl
hin, woh mag solches all herkommen. Ich dencke, es geht alles auff
Regements Unkosten, woh ietzo die schönste gelegenheit zu ist;
die Madame wird ietzo ihr neu bezogenes hauß woll mit großen
zimmern haben einrichten lasen, weilen ihr doch in unßerm die
zimmergens und kellergen, wie sie sagte, so klein vorkämmen; ich
bin sehr zufrieden dahmit, das wir sie nicht darein bekommen
haben; lieber den schaden als mit solchen stolzen und verender-
lichen leuten zu tuhen haben; sie wird gedencken, nun so lang
aldah zubleiben, um sich zu verendern und sehen zu lasen, bis Ihr
man mit komt und aldah ihr Eigene menage einrichten; das Ihr
beyde bey ihr als den in die kost ginget;
schreibe mir doch, wie die umstende dahvon sint; ich dencke es
so, weilen sie schon so viele bagage mit den letztern brodtfuhren
hingeschickt; nun wird sie das plaisir gehabt haben, die Revue
aldah zu sehen welches ihrEhegatte ihr woll wirdt hiehin geschrieben haben, das sie um die zeit dah miiste sein, um sich sehen
zu lasen; liebste Ehegatte, du hetest mir solches woll schreiben
können; so were ich mit N. N. oder N. N. dort hin gekommen und
heten bey solcher gelegenheit die freude gehabt, dich zu umarmen und die Revue mit anzusehen; dan ein solches habe noch
nie in meinem leben gesehen; die staader frauenzimmer werden
vermuhtlich aldah gewesen sein, wohvon wir in langer zeit nichts
gehört oder gesehen haben; ob selbe uns böße ohne verschulden
sint, kan nicht dencken. Auff h(eilig) fronleichnamstag habe dahier
auffm kirchhoff - vom paradies an, längs unßerer pforte bis an die
Capele - eine doppelte reihe may bäume zur Ehre gottes setzen
lasen und dahdurch deine vices, wie der h(err) loeber * sagte, vertreten. Ich hoffe es wirdt selbes nach deinem sinn sein;
du hast uns in dein letzteres schreiben sehr Erfreut wegen mehrere
freyheit Eurer arest umstenden. Ach mögte auch bald eine gute
nachricht von berlin kommen, das die gesetzte arest zeit auch
mögte verkürtz werden, warum ich gott täglich anflehe; nun bitte
ich, lieber Ehegatte, sey nicht gegen die stolze frau alzu höfflich
und demühtig; dahdurch wirdt daß letztere noch vermehrt und
las dir nichts abgehen; die Abtey schickt dem N. N. geldt genug
und sie profitiren das mehreste dahvon, weilen sie immer dahin
reißet und mit ihren Jungen aldah verbleibet, welches alles auff
R(egiments) kosten geht; die verlangte Sachen kommen in dem

beygehendem reiße koffer, wohvon der schlüßel hier im brieff ist anbey; welche auffeinem aparten zetteigen anotirt, hiebey komt; ich will hoffen, dieses wird daß letztere sein, welches du aldah vonnöthen hast.

Ich mit M(aria) A(gnes) umarmen dich unseglich vielmahlen in gedancken und verbleiben deine treauffrichtige Ehegattinn und kinder bis ins grab nebst vielmahliger Empfehlungen von geist- und welttlichen guten freunden und freundinnen an dich.

Werden, den 29ten May 1796
S(ophia) W(ilhelmine) *Dingerkuss, nee Funcke*
M(aria) A(gnes) *Dingerkus*

du mußt wegen meinen Einfä(l)tigen schreiben nicht lachen, weilen meine gedächtnüß durch vielen Verdruß und schrecken zerrütelt ist; nun bleibe gesunt bis zum wiedersehen

N(ach) S(atz)
beym Schluß dieses schreibens läst mir die frau Richterin Müller - welche heut Nachmittag 2 brieffe von ihrem Mann durch den postbotten Reele erhalten - durch ihr töchtergen sagen, daß Ihr die pfacht bedinge nüßessen wegen unßers haußes nicht gefielen und sie dahero ihr eigenes hauß beziehen wolten; sie scheint eine Verenderliche frau zu sein, so wie du auch Unterschiedtliches mahl geschrieben hast;
die andere frau von N.N. - es ist mir in so weit lieb, das nichts dahvon komt; wir würden bestendig dahmit zu tuhen haben; dan würde sie dieses, dan jenes daran außzusetzen haben, wie sie würcklich schon bey uns getahn hat; sie ist vor einigen tägen mit der frau generalin von Dalwigh dareingewesen und die gelegenhet besehen; so waren Ihr alle zimmern zu klein, so gar der keller war ihr viel zu klein und sie würde immer etwas darinnen wollen verbeßert haben; der fr(au) g(eneralin) hat es recht gefallen und hat gesagt, sie mögte wünschen, das sie so viel gelegenheit hete und so Comode eingerichtet; wie ich von andern vernohmen, muß selbe dem h(errn) Docter N. 3 Cortumen (Centimen - Währung) vor 4 zimmer geben; also bleibt der h(err) brabender darein und bekome von selben beynahe, wan Er ein Jahr darein bleibt, beynahe so viel, wie vom h(errn) richter vor das eine zimmer und verwohnt und verdirbt nicht darein; nun brauchen sie auch nicht wieder zu

kommen. Es bleibt an ietzo so - Ich weis nicht, wie das ist - das wir kein schreiben von dir mit dieser Post erhalten haben. Ich will nicht hoffen, das du kranck bist geworden oder das dir noch mehr verdrüßlichkeit werde vorgekommen sein; was der liebe gott dich doch vor bewahren wolle. Ich umarme dich nebst vielen küßen und hertzens drücken und Empfehle dich in den schütz des Allmächtigen; bin lebenslenglich deine getreue Gattin

BRIEF AN DINGERKUS
vom 5. Juni 1796 (kurz vor der Freilassung in Wesel)

Liebster Mann und Vater
Wir haben Ihre Werteste Briefe vom 29ten May und l ten dieses nebst dem wolversiegelten Päcksgen über die Eßendische Post richtig erhalten; wir waren würklich in Verlegenheit geraten, daß wir mit den zurück kommenden Brodfuhren keine Nachricht von Ihnen erhielten; ich aber tröstete mich damit, daß Sie über die Post schreiben und vielleicht ein Umstand vorgefallen sein würde, der Sie daran behindert hätte; allein wir vermuteten nichts weniger, als das der grobe hungerige P(reußische) Brodkarren Begleiter Sie so angeführt und das Päcksgen gegen sein Versprechen hat liegen laßen und nicht hat mitnehmen wollen. Er ist aber schon davor vom h(err)en Hauptmann von Staell mit einem tüchtigen Verweiß bestrafet worden und wird ins künftige wol achtsamer sein; der h(err) Hauptmann wäre - nachdem Er Ihren Brief, den mein Bruder Ihm nebst dem Päcksgen gebracht hat - so aufgebracht über den Kerl, daß Er ihn auf der stelle abprügeln laßen wollte. Mein Bruder hat dies aber noch verhindert und den h(err)n hauptmann ersucht, Ihm nur für diesmal seine grobheit nachdrücklich zu verweisen, weil der Kerl vermutlich geglaubt hätte, daß der h(er)r Richter Ihm nur blos allein ein Trinkgeld für sich und nicht für Sie beide zusammen gegeben hätte; denn dieses hat er sich, wie Er das Koffer mitnehmen sollte, gegen Mama merken laßen, weil Er Schwierigkeiten machte, dasselbe mitzunehmen; so sagte Sie zu ihm, Er bekommt ja immer ein gutes Trinkgeld davor, wenn Er etwas hinbringt und ich weiß gewiß, daß mein Mann dieses niemalen unterläßt; hierauf antwortete Er, Er hätte noch niemalen von Papa etwas bekommen; wir konnten also nicht denken, wie es damit wäre und gaben deswegen das Koffer einem

Bauren aus Hamm mit, der es des Morgens von hier abholte; hieraus sehen Sie liebster Vater, daß der Kerl in einer andern Meinung gewesen ist; dies hätte Ihm aber auch vom h(err)en Richter allemal müssen gesagt werden, daß das Trinkgeld für Sie beide wäre. Sie wißen wa ja wol, wie es die P(reußischen) h(unger)leider machen, daß Sie keinen schritt umsonst thun wollen. Nun gnug hievon. Es freut uns indeßen nichts mehr, als daß die ärgerniß, so Sie darüber Empfunden haben, nicht von schlimmen folgen gewesen ist und daß Sie jetzt wieder der beßten gesundheit genießen; welches unser größter Trost ist, zuvernehmen, wenn Sie sich immer wohl befinden. Wir genießen auch noch Gott lob einer guten gesundheit und hoffen und zählen täglich die stundt - weil doch die Zeit Ihrer ungerechten gefangenschaft bald zu Ende läuft - daß wir Sie wieder bey uns sehen und umarmen können.

Meine und Mama Ihre Freude ist, wenn wir in unsern schönen garten - wo alles herrlich darinnen steht und wächst - gehen und die Nachtigall können schlagen hören. Man hat aber dieses Jahr nicht viele freude daran gehabt, weil das weiter immerso kalt gewesen ist und wir haben noch nicht einmal des Morgens früh den Kaffee in unsrem garten trinken können; an frischen gemüsen haben wir keinen Mangel; wir beide müßen uns aber auch brav darinnen plagen, weil das Unkraut dieses Jahr so entsetzlich überhand nimmt und balb nicht zu vertilgen ist; dabey kann man keine leute für geld nicht haben, wenn man sie haben will und muß; wir hoffen, daß Sie die dicke Bohnen, die schön in der Blüte sind, bald mit uns Eßen werden. Auch freut es uns sehr, daß Sie jezt ein besonders Zimmer für sich allein haben, wo Sie beßer Ihre Commodiens (Bequemlichkeit) pflegen können und nicht durch die bekannte stolze Dame gehindert werden; diese muß große lust haben, immer dort zu sein; doch man weiß ja wol, worinnen diese Lust bestehet und ich will weiter nichts darüber schreiben; hier in der Stadt sprechen die Leute gnug davon, daß Sie Ihrer haushaltung so schlecht vorsteht und wenn Sie hier ist, den ganzen Tag spazieren geht; dies wird wol ein schlechtes Ende nehmen; die Magd hat Sie an Latums haus in die Kost getan; diese ist recht froh darüber, daß Sie in ein so gutes Kosthaus gekommen ist, weil Sie sich beklagt, das Madame des Mittags wenig und des Abends gar nichts gekocht hat; es scheint, daß das meiste geld nur um stad zu machen verschwendet wird; denn Sie hat sich wieder so viele neue Kleidungen machen laßen und Ihr Mann hat Ihr einen schönen

halstuch zu Wesel gekauft, der 2 Karolin kostet. Vielleicht geht
dies all auf Regiments Unkosten; und wenn Sie nach Ihrem Vorhaben das Kindbett allda halten will, so wird die Abtey noch größere
Rechnungen bekommen; die Freundschaft mit der Frau Generalinn von D. ist über die Maßen auf einmal sehr groß geworden.
Vielleicht ist Sie aber nicht von langer Dauer und nimmt sobald
ein Ende, wie mit der F(rau) Tochter des h(err)en Comman...

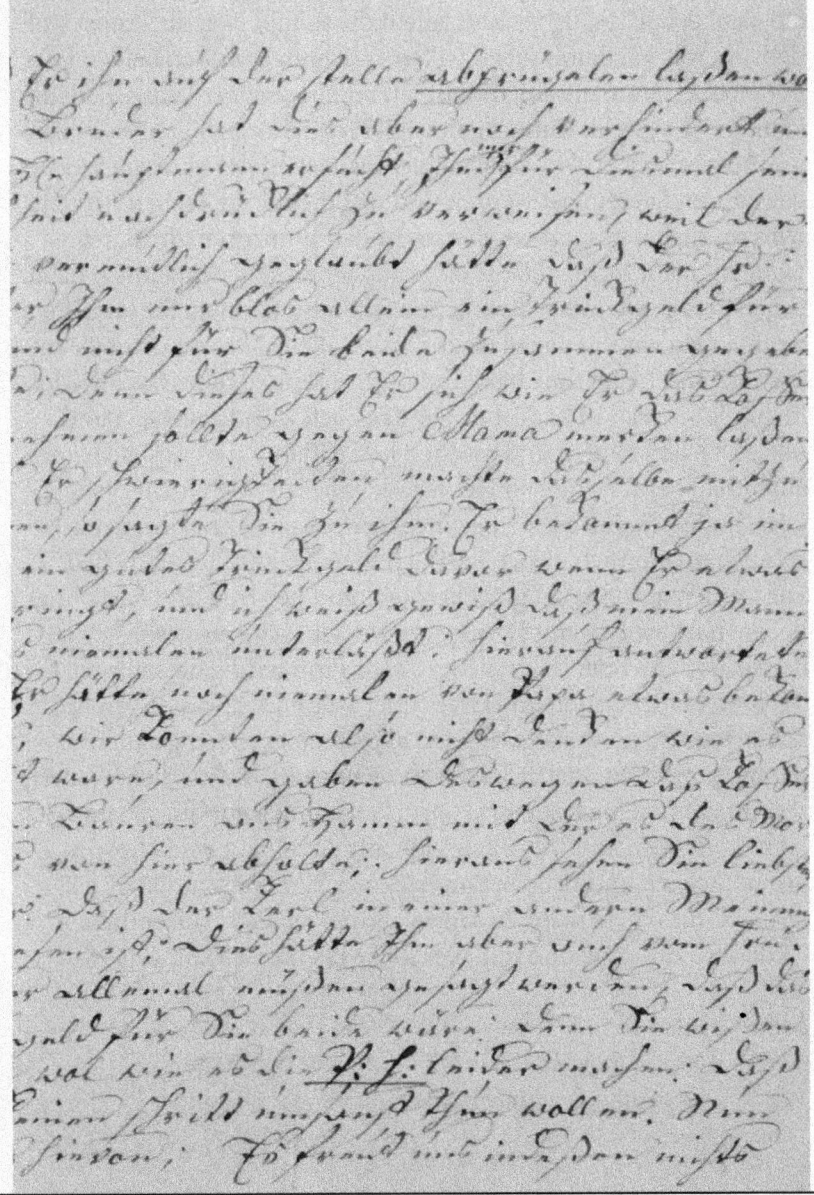

BRIEF MARIA AGNES DINGERKUS AN KARL WULFF
Werden, 24. September 1796 (kurz vor der Hochzeit)

Lieber Karl
Wie geht es dir denn? bist du glücklich und gesund nach hause gekommen? ich hoffe und wünsche es von Herzen; auch, daß du jezt wieder in Ruhe sein wirst; ich muß es dir aber klagen, daß ich, seit du fort bist, mich nicht recht wohlbefinde und keiner Ruhe genieße; ich glaube, daß du, lieber Karl, allein die schuld bist; du kannst wol denken, was ich damit sagen will: o, möchten wir doch bald auf im(m)er beisammen sein; dies ist jetzt mein einziger Wunsch; denn kämen wir beide in Ruhe, nicht wahr? Ich besorge hier alles so viel und so geschwind, wie möglich; das Haus wird die künftige Woche geweißt und gereiniget werden und was die übrige Sachen betrifft, wird auch alles besorgt werden; es ist den Franzosen, die darin wohnen, nicht recht, daß Sie oben ausziehen sollen; allein ich habe Ihnen gesagt, wenn Sie dies nicht wollten, so könnten Sie ausziehen; denn haben wir das ganze Haus für uns allein; Was du da noch zu besorgen hast, daß thue bald und mache denn, daß du bald wieder hiehin kom(m)st; so kannst du dir das Tuch zum Brautkleid und übrige Sachen kaufen und machen laßen, damit dies uns auch kein aufenthalt verursacht; von Helmstädt habe ich noch nichts gehört, doch hoffe ich, daß bald eine gute Antwort erfolgen wird; denkst du auch oft an mich, lieber Karl? ich denke beständig an dich; o, wir werden gewiß recht glücklich sein und uns treu und beständig lieben; hast du dich mit D. Mittweg wieder völlig ausgesöhnt? Ich denke, daß Ihr Eifer doch nicht so sehr groß wird gewesen sein. Vergeße es nicht mit dem Hasen; oder Feldhüner, was du am beßten haben kannst; du thust gewiß den alten einen großen gefallen damit. Nun adieu, Lieber Karl. Leb recht wohl, bis ich dich wieder sehe und an meine treue Brust drücken kann; wenn du sobald noch nicht kom(m)en kannst, so schreibe mir doch bald bald antwort. Meine Aeltern und Bruder Empfehlen sich beßtens; und vor jezt weiß ich dir nichts mehr zu sagen, als daß ich dich tausendmal in Gedanken umarme und mit aller Liebe bis ins Grab bin,

deine Getreue
M(aria) *A*(gnes) *Dingerkus*
Werden, den 24ten September 1796

FUNDGRUBE

STEFAN DINGERKUS AN VATER
1796

Liebster Vater

Wegen Mangel der Zeit kann ich Ihnen diesmal nur berichten, daß der Leopold Teins, welcher zuweilen für den Rele nach Duisburg geht, mir schon in der vorlezten Woche die Nachricht gebracht, daß daselbst im Münster'schen Posthause ein Kästgen mit Lehnbriefen an Sie eingelangt sey und der Posthalter einen desfallsigen Empfangschein vorläufig verlange, ehe er dasselbe ausfolgen laßen wolle; worauf ich ihm sagen ließe, daß ich nicht eher den Empfangschein ausstellte, bis daran ich dessen Gegenstand erhalten hätte. Da derselbe nun bei seiner Gesinnung nach dem nähern Berichte des Teins beharret, so stelle ich es Ihnen anheim, ob ich ihm den Empfangschein voraus schiken soll oder ob Sie ihm von Wesel aus deshalb schreiben wollen. In der Lehnsache gegen Schulte zu Hinsel hat der Kammergerichtsbote am 24ten d(ieses Monats) die völlige Appellationsprocesse hier insinuiret (eingeliefert). Vegessen Sie nicht, wegen dieser Sache mir oder einem der Erben, dem Sie bedient sind, z(um) B(eispiel) dem Pattberg, nächstens zu schreiben. Ihre Abwesenheit wird hoffentlich wol nicht so lange dauern, daß es nötig seyn dörfte, Ihnen die Acten von dieser Sache zu schiken, um darinn zu arbeiten. Ich sähe nicht gerne, daß dieselbe Ihnen aus Händen ginge. Wenn ihre Gegenanzeige dem Hamburger Correspondenten und der Lippstädter Zeitung noch nicht eingerükt worden seyn sollte, wovon ich noch keine gewisse Nachricht habe, so belieben Sie und ihr H(err) Gesellschafter – dem wir uns ergebenst empfelen –, mit der nächsten Post auf die Einrükung zu dringen oder dieselbe durch andere, in hießiger Gegend circulirenden Zeitungsblättern einrüken zu laßen. Hiebei ein großes Paquet Briefschaften von dem H(errn) Prior, an H(errn) L(and)R(ichter) Müller addressirt und ein Brief von der ältesten J(un)gf(e)r Stadt an Sie. Ich schike alles an den H(errn) Tüschen. Gott erhalte Sie beide gesund und standhaft und schenke uns baldigst den so sehnlich gewünschten Augenblik ihrer Rükkunft.

Ich beharre mit unabänd(er)licher kindlicher Liebe
ihr gehorsamster Sohn S(tephan) B(enedikt) Dingerkus

Stadtarchiv Essen, Nr. 61o

BESCHWERDE ÜBER DINGERKUS BEIM ABT
Werden, 5. Oktober 1798

Werden, d(en) 5. oct(obris) 1798

Hochwürdiger, Hochwolgeborner H(err) Reichs Abt,
Gnädiger Herr
Auf die Eingabe des V. N. hat der Kanzleidirector - dem Anschein nach ganzplanlos - das in Concept anliegende communications Dekret (öffentliche Verfügung) abgefaßt. Es würde mir nicht zu Gesicht gekommen seyn, wenn ich es nicht aus den Papieren des K.L. herausgesucht hätte. Ich bemerkte dem Kanzleidirector, daß, da V. N. von den zur Sprache gekommenen Vergehungen sich nicht habe purgiren (freisprechen) können, da er sie vielmehr selbst eingestanden habe, müsse ihm wenigstens für diesmal ein nachdrücklicher Verweis gegeben werden; mit der Weisung, gegen den Doctor, der über derlei Vergehungen zu wachen habe, sich anständiger zu benehmen. Sehr oft wird Parteilosigkeit für die größte Parteilichkeit angesehen und der Kanzleidirector scheint sichs vorgesezt zu haben, nicht zu regieren, sondern willkürlich zu herrschen; mir - bar allen noch so mäßig angebrachten bemerkungen - zu trotzen und ich werde am Ende noch gezwungen seyn, ordentlich Supplicando (mit offizieller Beschwerde) bei ihm einzukommen. Diese Communiations Bescheid würde eine Gegenschrift veranlaßen; darauf würde ein neues Communications Dekret ergehen und dies ins unendliche fortdauern. Freilich würden dadurch zwei für den Kanzleidirector wichtige Dinge erreicht: seine Sucht zu Klaschtereien und sein Beutel werden zugleich befriedigt; aber die Ehre der Kanzlei würde leiden, wenn man fortfahren wollte diese Stelle zum tummeplatz der Parteigeister und kleinlicher Leidenschaften zu machen.
Keinem Beamten der so lange im Amte steht und also für würdig gehalten wird, das Amt zu bekleiden, darf sein Ansehen genommen werden; von so was wissen die Herren Kanzleibeamten nichts, sind vielmehr gewohnt, ihre privat Feindseligkeiten zu öffentlichen Angelegenheiten zu machen.
Alle die von V.N. gemachten Ausreden und Vorwürfe sind nicht einmal zu einer Verantwortung geeignet; oder worüber soll sich denn der Doctor verantworten? darüber, daß er ein Privilegium exclusivum (besonderes Vorrecht) begehrt habe? daß er in seinem Patent, die Armen umsonst zu bedienen, auszustreichen verlangte?

dies stand ihm frei; oder vielleicht darüber, daß die Deutung auf ihn gemacht wird, daß er, ohne Religion zu haben, mehr begünstigt werde? darüber, daß ihm im gegenwärtigen Falle nicht erwiesen wird, daß er Kranke vernachläßigt habe? oder, daß ohne den geringsten Schaden, einem Gesunden statt einem kranken Medizin zugeschickt ward. Ich habe dem Doctor, der über Quacksalbereien und mancherlei Vergehungender Art so oft klagte, selbst den Auftrag gegeben, da wider schriftlich bei der Kanzlei einzukommen. Es ist aber nirgendwo die Absicht hochdero Kanzleibeamten, Klagen, die im Namen des Publikums gemacht werden, auf eine genugthuende promte Art abzuheften; und der Fiskus sowohl wie der Phisikus (Arzt) werden, um sich keinen Unannehmlichkeiten u(nd) Verantwortungenauszusetzen, in der Folge gezwungen seyn, bei allen vergehungen und Mißbräuchen, die sie sonst aus Amtspflicht anzugeben verbunden sind, stille(zu) seyn.
Ich bitte also Euer Hochwürden Gnaden, der Willkür des Kanzleidirektors Schranken zu setzen, in dem gegenwärtigen Falle im aufzugeben, den V.N. zu Ordnung und zur Pflicht zurückzuweisen; darüber also

Euer Hochwürden Gnaden
Unterschrift
Pfarrarchiv Werden Nr. 353

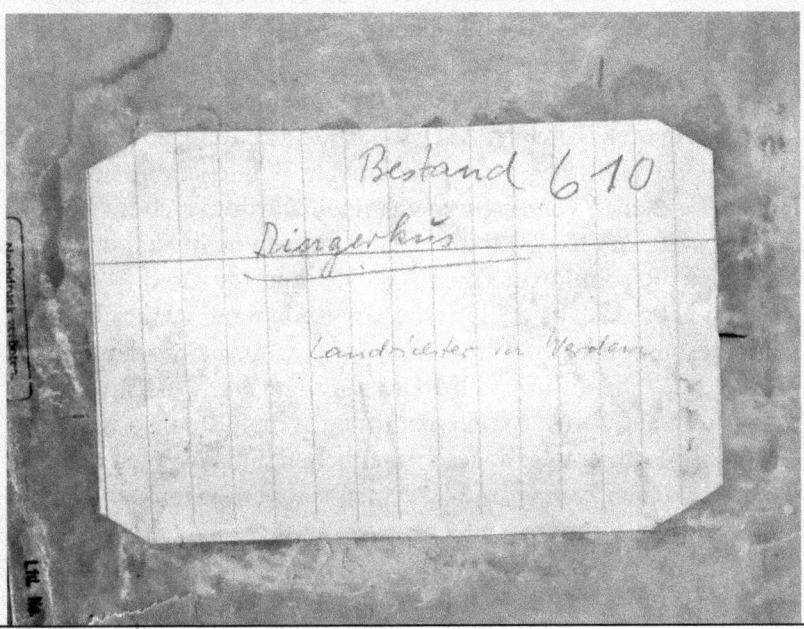

Stadtarchiv Essen
Akte Dingerkus

DINGERKUS AN REGIERUNG IN DÜSSELDORF
Werden, 29. Juni 1811

Werden, d(en) 29. Junii 1811

Hochgeborner Herr Reichsgraf, gnädiger Herr Minister
Aus den Gründen meiner Vorstellung vom 2o. d(ieses Monats) glaubte ich noch immer, daß die Nachricht von der Räumung meiner Wohnung ein bloses Gerücht wäre; aber leider wurde ich von ihrer gewissen Wahrheit nur allzu sehr überzeuget, als der Herr Unterpräfect mir mündlich am 23. d(ieses Monats) bekannt machte, daß Er von Ew(er) Excellenz beauftraget sey, dieselbe von mir gegen eine billige Entschädigung zu verlangen u(nd) darüber in Hinsicht aufmein hohes Alter u(nd) auf meine übrige Verhältnisse mit mir eine gütliche Vereinigung zu treffen. Er bot mir zu dem Ende järlich 8o R(eichsthale)r an, verbürgte sich für deren richtige Auszalung u(nd) wollte dies sogar - wenn ich es verlangte - für das erste Jar vorauszalen. Auf meine Bemerkung, daß ich von meinem eigenen Hause, das ich im Räumungsfalle beziehen müßte, beinahe eben so viel an Pacht bekäme, die Wohnung aber, die ich räumen sollte, mir in Hinsicht der dabei vorhandenen Scheune u(nd) Stalles, größeren Gartens u(nd) mit Obstbäumenbepflanzten Hofes mehr werth wäre, äußerte der Herr Unterpräfect, daß Er den angebotenen 8o R(eichsthale)rn noch etwas zusetzen könnte, weil Er in dieser Hinsicht uneingeschränkte Vollmacht hätte. Da ich aber dennoch meine Wohnung in dem Domanial Hause einer annehmlichen Entschädigung vorzog, um eine kostspielige u(nd) mir in meinem 87jährigen Alter so lästige Räumung zu vermeiden u(nd) die Hoffnung fortdaurend hegte, daß ich damit aus den Hochdenenselben vorgestellten Gründen würde verschont werden, so wollte ich mich auf diese Anbietungen nicht eher erklären, bis ich eine Resolution auf meine Vorstellung vom 2o.d(ieses Monats) erhalten hätte u(nd) bäte, bis dahin einen Ausstand zur Erklärung. Diese Resolution ist mir durch den Herrn Unterpräfect am 27. d(ieses Monats) abends um halb 9 Uhr zugegangen. Äußerst wehe thut es mir, daß Ew(er) Excellenz mir darin meine, auf so vielen Gründen gestützte Bitte abgeschlagenhaben. Obgleich ich nun von der, in derselben zum Grunde gelegten Notwendigkeit der Räumung meiner Wohnung zu Staatszwecken nicht überzeugt bin, so

erkläre ich dennoch, um Ew(er) Excellenz meinen Respect u(nd) Gehorsam gegen obrigkeitliche Verfügungen u(nd) daß es mir nicht um ein kleinliches privat Interesse zu thun sey, zu beweisen, daß ich zu der verlangten Räumung gegen billige Entschädigung bereit bin. Da ich in meiner langen Dienstzeit so manniges Opfer dem Wohl des Staates dargebracht habe, so will ich auch dieses - wiewohl es für mich in Hinsicht auf mein hohes mühseliges Alter u(nd) auf meine 58jarige Bewohnung dieses Hauses das schmerzlichste von allen ist - demselben darbringen; die Räumung in der dazu bis zum 15. des k(ünftigen) M(onats) bestimmten allzu kurzen Frist ist mir aber schlechterdings nicht möglich. Ich kann nicht eher diese Wohnung räumen, bis die Pächterin meines eigenen Hauses, Wittib Schlösser, aus demselben ausgezogen ist. Ich habe ihr bereits am 28. d(ieses Monats) diese kurze Frist bekannt gemacht, mit dem Verlangen, mir das Haus in der nächsten Woche wegen unvorhergesehener Notwendigkeit meines eigenen Gebrauches wieder einzuräumen. Sie erklärte aber, daß dieses für sie eine blose Unmöglichkeit sey, weil sie in so kurzer Zeit keine andere für ihre viele Gereiden, fertige Tücher u(nd) Tuchfabrikmaterialien gnug geräumige Wohnung bekommen könnte u(nd) verlangte dieserhalb eine längere Frist zur Räumung. Hochdieselben bitte ich daher mit kummervollem Herzen u(nd) mit Thränen, die mir meine bedrängte, von mir ganz unverschuldete Lage ausprest, die mir zur Räumung bestimmte Frist wenigstens auf 4 Wochen zu verlängern und diesemz ufolge eine nähere Weisung dem H(errn) Baudir(ektor) Lehmann zugehen zulassen, damit hiedurch auch die Wittibe Schlösser dazu einen längeren Zeitraum erhalte. Ich kann auf diese Frist Verlängerung um so rechtlichem Anspruchmachen, als die Räumung meiner Wohnung erst am 23. d(ieses Monats) von mir verlangt worden ist, ungeachtet dieses früher hätte geschehen können. Da ich für verschiedene meiner Gereiden wegen ihrer Gröse in meinem eigenen Hause keinen hinreichenden Raum habe, so werden Sie mir gnädig erlauben, daß ich dieselben in der von mir zu räumenden Wohnung, so wie das bereits fürden Winter grosenteils angeschaffte Kuhfutter in der dazu gehörenden Scheune so lange zurücklasse, bis ich ein u(nd) anderes verkauft haben werde. Wegen Mangel einer Scheune u(nd) Stalles bei meinem eigenen Flause bin ich genötigt, die Kuh, ehe dieselbe im Herbste von der Weide kommt, abzuschaffen; ich bitte dahero ferner die Entbindung von dem Weidepachtkontracte bei der

hohen Behörde für mich gnädig zu erwirken. Endlich bitte ich
mir den Genüß des diesjärigen Gemüses u(nd) Obstes - oder eine
billige Entschädigung dafür -rechtlich zu verstatten.Von Hochdero
rechtlichen u(nd) billigen Gesinnungen erwarte ich mit Zuversicht
die zuverlässige Bewilligung dieser auf Billigkeit u(nd) Rechtge-
gründeten Bitten u(nd) bestehe mit der tiefesten Verehrung

Ew(er) Excellenzunterthänig gehorsamster Diener
J(ohann) E(berhard) Dingerkus
Grhzt. Berg Nr. 6373 I

DINGERKUS AN REGIERUNG IN DÜSSELDORF
Werden, 11. Juli 1811 (wg. Räumung seiner Dienstwohnung Im Lühr)

Werden, d(en) 11. Julii 1811

Hochgeborner Herr Reichsgraf,
gnädiger Herr Minister, p(erge)(usw)
Meine traurige Lage wird immer bedrängter u(nd) es banget mir
vor äußerstnachteiligen Folgen derselben. Ich trug am 5. d(ieses)
(Monats)„ dem SchreinerKortenberg auf, in meinem, der Wittibe
Schlösser verpachteten Hause eine Abteilung des Söllers auszu-
bessern, um sie verschliessen zu können. Er wurde aber von ihr
abgewiesen. Ich begab mich sofort mit meinem Sohne zu ihr
u(nd) erkundigte mich, warum sie diese Arbeit nicht zugeben
wollte. Sie erklärtegrade zu, daß sie vor dem 1. Nov(ember) nicht
ausziehen wolle, weil das Pachtjar erst alsdann zu Ende gieng.
Ich erwiederte, daß diese ganz unvermutete Aeußerung mit ihrer
hiebevorigen gar nicht übereinstimme, indem sie vorhin, bei
Gelegenheit, daß ich ihr am 28. v(origen) M(onats) bekannt machte,
daß mir zur Räumung meiner Wohnung von Ew(er) Excellenz
nur bis zum 15.d(ieses) eine Frist bestimmt wäre u(nd) deßwegen
von ihr verlangte, daß sie zwischen dem 7. d(ieses) mir das Haus
wieder einräume, um es in der daraufnächst folgenden Woche
zu beziehen, erkläret, daß ihr die Räumung in so kurzer Zeit
schlechterdings nicht möglichsey, weil sie in derselben eine, für
sie hinlänglich geräumige Wohnung nicht bekommen könne u(nd)

daher eine längere Frist verlangt hätte. I ch bemerkte ihr ferner, daß ich bereits unterm 29. v(origen) M(onats) von Ew(er) Excellenz eine Verlängerung der mir bestimmten Frist - wenigstens auf 4 Wochen - gebeten, darauf aber noch keine Antwort erhalten hätte; daß der Verpächter wegen unvorhergesehener Notwendigkeit seines eigenen Gebrauchs, die Räumung vor Ablauf der Pachtzeit von dem Pächter zu fordern, den Gesetzen nach berechtigt sey; daß sie bereits, wie ich sicher wüßte, sich um eine andere Wohnung bemühet hätte, weil ihre eigene, dem Schreiner Schürmann verpachtete, ihrem Vorgeben nach für sie zu klein wäre. Alle meine Vorstellungen aber fanden bei ihr keinen Eingang. Sie sagte, daß sie nur aus Gefälligkeit hätte ausziehen wollen, wenn sie eine andere geräumige Wohnung hätte erhalten können. Da dieses aber der Fall nicht wäre - u(nd) sie von rechts verständigen Männern wäre belehrt worden, daß sie zur Räumung vor Ablauf der Pachtzeit nicht verbunden sey - so könnte sie sich dazu nicht entschliessen. Von der Regel, daß der Verpächter dem Pächter den Gebrauch der verpachteten Sache bis zu Ende der Pachtzeit belassen muß, ist bekann(er)maßen nach dem Römischen Rechte unter anderen vorzüglich der Fall ausgenommen, wenn der Verpächter in eine unvorhergesehene Notwendigkeit, die verpachtete Sache selbst zu brauchen, gerät. Da ich mich nun grade in diesem Falle befinde, weil ich meine, dem Staate gehörige Wohnung aus dem Grunde der Notwendigkeit zu Staatszwecken räumen soll; ungeachtet, mir dieselbe - nachdem ich sie im J(ahre) 1809 gegen zugesagte Entschädigung aus Not gepachtet hatte - in Rücksicht meines hohen Alters femer lebenslänglich belassen worden ist. So bin ich der unvorgreiflichen Meinung, daß auch die Wittib Schlösser zur Räumung meines Hauses vor Ablauf der Pachtzeit verbunden ist u(nd) dazu vom Staate rechtlich vermöget werden könne; um so mehr, als sie ein eigenes Haus besitzet. Dieselbe meint zwar jetzt, daß sie aus meinem Hause - ungeachtet der unvorgesehenen Notwendigkeit meines eigenen Gebrauches - vor Ende des Pachtjares auszuziehen, nicht verbunden sey, weil in dem abschriftlich anliegenden Pachtcontract vom 25. Octob(er) 1801 unter andern enthalten

„daß, wenn Eheleute Vermietere oder eines ihrer beiden Kinder ihre jetzovermietete Behausung innerhalb der vierjärigen Mietzeit selbst zu bewohnen benötigt seyn sollte, sie, künftige Eheleute Mietere, in diesem Falle solche Behausung mit allen Zubehörungen nach einer vorläufigen halbjärigen Aufkündigung an erst gemeldte

Vermietere wieder einräumen sollen und wollen," und weil diese halbjärige Aufkündigung nicht geschehen wäre. Allein bei dem ersten Anblick dieser Stelle ist es nur allzu augenscheinlich, daß hier von keiner so dringenden unvorhergesehenen Notwendigkeit des eigenen Gebrauches - als jene ist, worin ich plötzlich geraten bin - sondern nur von einer vorgesehenen weniger dringenden u(nd) überhaupt einer solchen Notwendigkeit die Rede ist, deren ungeachtet ich den eigenen Gebrauch meines Hauses auf einhalbes Jar würde verschieben können, die mithin ein halbes Jar nach der Aufkündigung erst wirklich eintreten würde. Ich habe mich zur Räumung meiner Wohnung nur unter der sichern Voraussetzung entschlossen u(nd) willig erkläret, daß ich mein eigenes Haus würde beziehen können. Da aber die Wittwe Schlösser mir dasselbe nach ihrer gegenwärtigen Gesinnung vor Ablauf des Pachtjares vor dem 1. Nov(ember) nicht wieder einräumen will, so ist mir die Räumung bei meinem guten Willen schlechterdings unmöglich. Unter diesen Umständen muß ich daher Ew(er) Excellenz dringlichst bitten, mich entweder mit derselben bis zum 1. Nov(ember) gnädig zu verschonen, welches ich bei allem Drang der Umstände wohl für möglich halte, weil die H(erren) Kapläne, für welche nunmehr dem sichern Vernehmen nach meine Wohnung bestimmt ist, bei dem H(errn) Pfarrer, in dem, von dem H(errn) D(oktor) Wesener ebenmäßig zu räumenden Domänial Hause einsweilen wohnen u(nd) daher die Einrichtung meiner Wohnung für sie bis zumnächsten Frühling verschoben werden könnte, oder die Wittwe Schlösser zur Räumung meines Hauses zu vermögen;
Da ich vom Staate genötiget werde, die Ihm zugehörige Wohnung zu räumen, so kann ich auch rechtlich seine Hülfe verlangen, daß ich mein eigenes Haus beziehen könne. Dies letztere bitte ich iedoch nur unter der Voraussetzung, daß es den Rechten nach geschehen könne, welches ich - ungeachtet, ich es aus den angefürten Gründen dafür halte - Hochdero tiefern Einsichten überlasse. Sollten aber Hochdieselbe mir auch hierin nicht willfaren können, so erlauben Sie mir die fernere Bitte, mir eine andere, meiner Haushaltung angemessene Wohnung bis zum 1. Nov(ember) anzuweisen, so wie dem H(errn) D(oktor)Wesener das Pfarrhaus zu Neukirchen zu seiner künftigen Wohnung bereits angewiesen ist. Zwar werde ich in diesem Falle zweimal auswandern müssen; dem ungeachtet muß ich mich - so hart u(nd) nachteilig es auch für mich ist - gegen eine billige Entschädigung für die Räumungs-

kosten, um welche ich gehorsamst bitte, dazuentschliessen, um größern Schaden abzuwenden.

Ihr menschenfreundliches Herz kann u(nd) wird es nicht zugeben, daß meine Haushaltung zu meinem größten Nachteil zerrüttet, ja gar völlig aufgelöset, daß ein 87järiger Beamter, der dem Staate 50 Jare treu gedienet, noch am Ende seines Lebens genötigt werde, seinen Aufenthalt mit fünf Hausgenossen unter freiem Himmel zu nehmen u(nd) seine Gereiden, Bücher u(nd) Papieren unterdemselben zusammen zu häufen. Dieses würden aber unter gegenwärtigen Umständen die Folgen seyn, wenn mir auch nicht einmal die letztere Bitte sollte bewilliget werden. Ich kann mir daher die Abschlagung derselben gar nicht möglich denken, noch weniger sie fürchten. Sie werden dieselbe desto eher erfüllen, wenn Sie sich in meine höchstbeklemmte Lage denken.

Mit Thränen der innigsten Wehmut, welche wegen derselben fliessen, bitte ich Ew(er) Excellenz flehentlich, mir alle, nach den Umständen mögliche Hülfe mildest zu leisten, wozu Ihre Huld u(nd) Weißheit Ihnen die Mittel an die Handgeben werden; vor allem aber u(nd) vorläufig dem H(errn) Baudir(ektor) Lehmann schleunigst aufzugeben, daß er mit der, auf den 16. d(ieses Monats) bestimmten Einnehmung meiner Wohnung u(nd) der darin anzufangenden Einrichtung bis auf nähern Befehl Ausstand (zu) nehmen. Mit unbegrenzter Zuversicht einer gnädigen Willfarung u(nd) mit tiefestem Respect hab ich die Ehre, zu unterzeichnen

Ew(er) *Excellenz*
unterthänig gehorsamster Diener
J(ohann) *E*(berhcird) *Dingerkus*
Großherzogtum Berg Nr. 6273 I
Stadtarchiv Essen, Nr. 61o

AN DEN HERRN KANZEJLEY DIRECTOR DINGERKUS ZU WERDEN
Düsseldorf, 15. Juli 1811

>Düßeldorf, den 15(ten) Julii 1811
>
>Ich bemerke Ihnen auf Ihre Vorstellung vom 1 l(ten) dieses (Monats), daß Ihnen zur Räumung Ihrer bisherigen Wohnung keine längere Frist gegeben werden kann und daß das Gesuch, die Mietherin Ihres eignen Hauses zur schleunigen Räumung anzuweisen - weil dieses privat Rechte zum Gegenstande hat - nicht zu dem hiesigen Ministerium gehöret; dagegen will ich es aber gerne gestatten, daß Sie in irgend einem abteylichen Gebäude gemeinsam mit den Pfarr- oder Schulgeistlichen einstweilen wohnen bleiben, wenn dazu Möglichkeit vorhanden ist und Sie sich darüber mit besagten Geistlichen vereinigen können; nur darf der Schulunterricht dadurch nicht leiden.
>
>*Unterschrift*
>Grhzt. Berg Nr. 6273 I

ABRECHNUNG DER REISEKOSTEN
FÜR HERRN KANZLEIDIREKTOR DINGERKUS
1763

>Rechnung über die in Stadt und stifft Werden pro Anno 1763 zu bestreitung verschiedener erfordernüssen umbgelegten gelder
>Rath, Richter und Land-Receptoren (Steuereinnehmer) Anton Godfried Funcke seeligh
>
>Ausgabe:
>dem H(errn) Cantzley-Directoren Dingerkuss wegen verschiedentlich im Jahre 1762 nach Mühlheim an der Ruhr, Kayserswerth, Hettorp und Mühlheim am Rhein -, nicht weniger zweymahl nach Collen gethaner reißen - die liquidation (Bezahlung) der frantzöß(ischen) lieferung betreffend - an Diaeten, reiße-zehrungs-Kosten, auslagen, Douceurs (Geschenke, Trinkgelder) und sonstiger Verrichtungen in stiffts angelegenheiten; lauth ausführlicher rechnung und quittung sub n(u)m(er)o 1mo
>
>1o3 Reichstaler, 45 stüber
>Pfarrarchiv Werden Nr. 1172 - Auszug

FUNDGRUBE

1. KAUFVERTRAG
27. Januar 1783 (Eheleute Dingerkus erwerben Grundstücke an der Brandsporten)

Wir Endes unterschriebene Stadt-Essendische Bürger und Eheleuthe Johann Bernard Sancke und Christina Westhoff urkunden und bekennen mit diesem unsern öffentlichen Briefe, daß wir aus freyem wohlbedachtsamen Willen erb-und eigentümlich verkauft haben, auch hiemit und kraft dieses Briefes erb- und eigentümlich verkaufen, an den Hochedelgebohrenen und Hochgelehrten Herrn Johann Everhard Dingerkus, beyder Rechten Doctoren und der kayserlichen freyen Reichs-Abtey Werden zeitlichen Rath und Kantzley Directoren und dessen Frauen Eheliebsten, die auch Hochedelgebohrene Wilhelmina Sophia Leopoldina Funcke, unsere vor der Stadt Werden und der Brandsporten daselbst unter der alten Burg am Fuß des Berges und an der da vorbeygehenden Strase zwischen dem sogenannten Jungbluts-Garten und dem Leers-Bungart -, sodann ihren, des Herrn und Frau Ankäufern selbst eigenen Gärten in ihren lebendigen alten Heggen, Läcken und Pfählen bergabhängig gelegene Gartenstücker, so wie ich, Johann Bernard Sancke, solche Gartenstücker vermöge gerichtlichen Kaufbriefes vom Landgericht zu Werden de dato d(en) 15ten Junii

1764 käuflich an mich gebracht und selbigen von solcher Zeit an bis hiehin eigentümlich besessen habe; auch solche hiebe vor als der erste Theil zu dem zweyten und dritten Theil der Ihnen, Herrn und Frauen Ankäufern jetzo zugehörigem, vormals so genannten Jungbluts Gartenstücker gehörig gewesen und ausserhalb dessen, daß daraus in die Priorat Hochgemeldter Reichs-Abtey Werden pro rata canonis (anteilmäßige Pachtgelder)
jährlichs dreyzehn und ein halber Stüber zu entrichten und an Contribution (Steuer) in dortige Stadt-Matricul (Steuerliste) - in einem jeden Ausschlag zu vier Satzungen gerechnet - drey Stüber zu zahlen, im übrigen allerdings allodial (lehnsfrei), loß, ledig und von allen Schulden und Lasten gäntzlich frey sind; für die Summe der vereinbarten Kaufschillingen von Hundert achtzig und fünf Reichsthaler, welche wir, Eheleute Verkäufere, sofort gegen Auswechselung dieses neuen so wohl als vorhin gedachten gerichtlichen Kaufbriefes vom 15ten Junii 1764 zu unseren Händen baar und richtig empfangen haben und zu unserem Nutzen hinwieder verwenden wollen; dergestalten jedoch und mit diesem ausdrücklichen Beding, daß Herr und Frau Ankäufere die ab diesem An- und Verkauf allenfalls zu Werden gefordert werden könnende Berichtigung des Zehnten und Hunderten Pfennings allein, ohne unser Zuthuen auf sich nehmen und dafür haften sollen und wollen; wogegen dann wir, Eheleute Verkäufere, im übrigen sie, Herrn und Frau Ankäufere, über den richtigen Empfang vorbesagter Kaufschillingen hierdurch zugleich bester Gestalten Rechtens quittiren; fort uns und unsere Erben von dem Besitz und Eigenthum wie auch hierzu gehörigen Recht und Gerechtigkeiten mehrgedachter Gartenstücker gäntzlich enterben und dahingegen sie, Herrn und Frau Ankäufere und ihre Erben damit unwiederruflich beerben zu den ewigen Tagen; so daß dieselbe nunmehro diese ihnen verkauft und hiemit besitzlich übertragen und eingeräumte Gartenstücker als den ersten Theil ihrer daran stossenden, noch übrigen Erbgärten mit dazu gehörigen Recht und Gerechtigkeiten forthin erbund eigentümlich besitzen und geniessen auch damit gleich andern ihren eigentümlichen Erb, Haab und Gütern nach ihrem freyen Willen und Wohlgefallen schalten und walten können und mögen; gleich dann auch wir, Eheleute Verkäufere, zugleich hierdurch angeloben und versprechen, ihnen, Herrn und Frau Ankäufern, dieses Erbverkaufs und Uebertrags wegen gegen jedermanns Ansprüche alle, denen Rechten gemäß schuldige

Wehrschaft, Vertretung und Eviction (Gewährleistung) zu leisten, ohne einige Einreden und Ausflüchten geistlich oder weltlicher Rechten, wie solche nur immer Namen haben mögen, als deren wir uns nach genugsamer derenselben Belehrung, so wohl überhaupt als insbesondere gäntzlich und wohlbedächtlich begeben; alles getreulich ohne Arglist und Gefährde.Zu dessen wahren Urkund wir gegenwärtigen respective Erb-Kauf und Verkaufs-Brief eigenhändig unterschrieben und zugleich die hiebey mitunterzeichnete Herrn Gezeugen, den tit(ulus) (hier ist der vollständige Titel anzuführen) Stadt-Essendischen Herrn Rentmeister Fischer und tit(ulus) Reichs-Abtey Werden'schen H(er)rn Rath und Kantzley Secretarium Lauten, solchen mit ihren Petschaften zu bedrücken, geziemend ersucht und gebetten haben;

*so geschehen in der Stadt Essen,
d(en) 27ten Januarii 1783*

*joan Bernard Sancke
Christina Westhoff
C. T. Fischer als Zeuge
L*(udger) *A*(lbert) *Lauten als Zeuge*

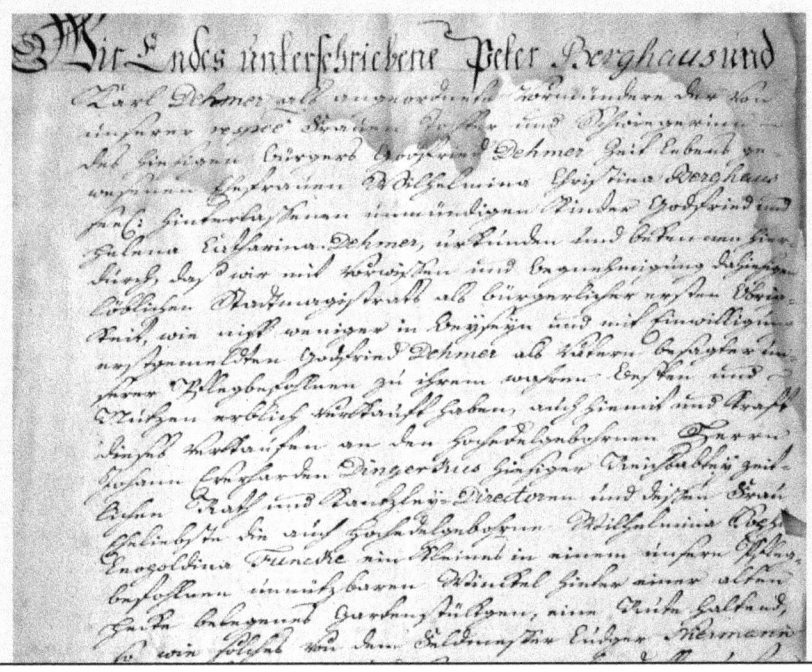

TESTAMENT EHELEUTE DINGERKUS
13. Oktober 1792

Wir endes unterschriebene Eheleuthe erklären, verordnen und disponiren hiemit und kraft dieses, auf art und weiße, wie solches in der form einer bekanten rechten nach besonders privilegirten Elterlichen erklärung, Verordnung und disposition zwischen kinder nur immer am best- und bündigsten geschehen mag: daß nach unßerm dereinstig beyderseitigen Gottgefälligen absterben unßerjüngstes kind und tochter Maria Agnes Antonetta Isabella Felicitas Dingerkuss in besonderem, so rechtlich als billigen betracht dessen, weil dieß selbe uns in unßeren nunmehr bald 40jährigen Ehestandts- und haußhaltungs lasten den mehresten beystand und hülfe geleistet und dabey ihre erziehung uns lang nicht so viel, alß die an unßerem sohn in seinen Studenten Jahren, auch außwertigen schulen und Universitäten verwendete gelder betragen, bishie hin gekostet, zu dessen etwahiger Vergeltung von unßerer unbeweglichen begütung - mit dem ausdrücklichen vorbehalt und auf den fall jedoch, wenn dießelbe zeitlebens entweder loß, ledig und unverheyratheten standes verbleiben oder aber sich mit unßerer Elterlichen bewilligung verehelichen würde - als denn zum voraus, als ein praecipuum (Erbrecht) unßeren, vor der Stadt und der sogenante brandsgarten, zwischenden Termeers - und Weydeners gärten samt einem garten hauße gelegenen großen garten und alle hierzu gehörigen gartenstücken, nebst zweyen silbernenleuchter und einer silbernen zucker doße wie auch allem mütterlichen leibszierath und kleidungs stücken und der bestehre väterlichen tabaties aus den gereiden für sich allein ererben; dahingegen aber unßerem älteren kinde und söhn Stephan Benedict Anton Andreas Dingerkuss, mit dem ebenmäßig ausdrücklichen beding, wenn derßelbe den rückstandt der Sum(me) 1sten Junii 1780, als der eigentlichen zeit seiner angetrettenen hießigen landgerichts schreibers bedienung bey uns Jährlichs mit hundert reichsthaler verschuldet, und den noch ferner zu verschuldenden kost- und quartier gelder, seiner kindlichen pflicht und obliegenheit gemäß, dennoch in unßerer lebens zeit uns baar bezahlen -, mithin uns dadurch in unßeren alten tagen die schwere haußhaltungs bürde erleichteren und dabey sich mit unßerer Elterlichen einwilligung verheyrathen wird, sodann als ein gleichmäßiges praecipuum unßere, in der graben Straßen hieselbstgelegene, von hießiger Reichsabtey lehnbare und, in dem großen himmel 'benante respe(ctiv)e Elter- und schwieger Elterliche behaußung samt zugehörigen hoff und garten -; mit dem weiteren beding, der darinnen seiner schwester - so lang sie ledigen standes verbleibet - frey und ohn entgeltlich mitzubelassender wohnung nebst dem gantzen väterlichen bücher- und kleidungs vorrath, gleicher gestalten allein erblich anerfallen -, im übrigen aber vorgemelte beyde unßere kinder unßere ganze Hinterlassenschaft - vorbehaltlich und ohnnachtheilig unßerer weiteren, allenfalß noch für gut findenden väterlich- oder mütterlichen lezteren willens disposition -in brüder- und schwesterlicher einigkeit und liebe unter sich in gleiche theile friedlich theilen sollen; wobey es sich denn von selbst verstehet, daß unßerem sohn seine in einem silbervergüldeten milchkump deckel und zuckerpfall und sonstigem zubehör bestehende Münsterische gatten gabe -, so wie einem Jeden von beyden kindernall dasjenige, waß er besonders erworben oder geschenckt erhalten, eigentümlich und allein verbleibe; zu dem ende wir dann geggenwärtig unßere Elterliche Verordnung und disposition zwischen unßeren beyden großjährigen kindern vorgemelt eigenhändig unterschrieben und mit unßerem beygedrückten gemeinschaftlichen pettschaft beurkundet;

so geschehen Werden an der Ruhr,
d(en) *13ten October 1792*
J(ohann) *E*(berhard) *Dingerkuss*
zeitlicher kanzley Director hieselbst
S(ophia) *W*(ilhelmine) *Dingerkuss ne'e* (geborene) *Funcke*

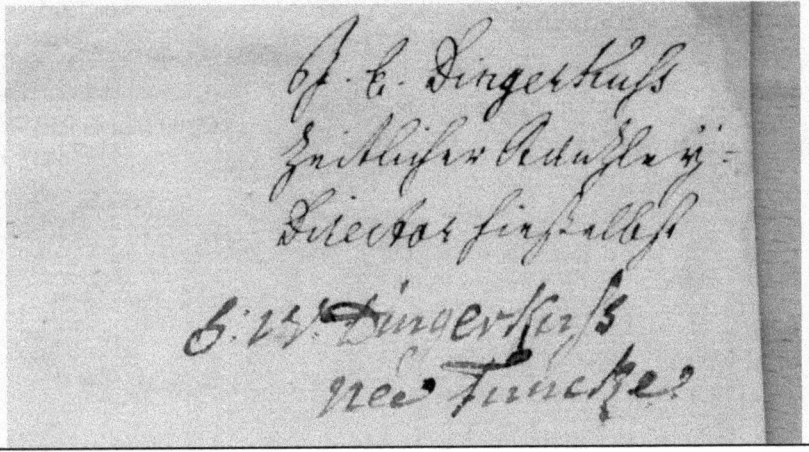

Literaturverzeichnis

1. Stadtarchiv Essen, Akte Dingerkus
2. HSta Archiv Düsseldorf, Akte Großherzogtum Berg
3. Jan Bart, Werden und Helmstedt, Essen 1964
4. Jan Bart, Die Alte Reichsabtei, Essen 1963
5. Jan Bart, Aus reichsabteilichen Akten, Essen 1966
6. Jan Bart, Kettwig wie es wuchs und wurde, Kettwig 1971
7. Ida Dingerkus, Heimatstimmen aus dem Kreis Olpe, 1955
8. Günter Elbin, An Rhein, Ruhr und Lippe, Düsseldorf 1992
9. J.A. Engels, Reise nach Werden, Duisburg 1813
10. Ludger Fischer . Über den Denkmalwert sogenannter Zweckbauten, Annweiler,1987
11. Heinz Finger, Die Benediktiner Abtei Werden in Die Säkularisation im Ruhrgebiet, Mülheim, 2004
12. Wilhelm Flügge, Chronik der Stadt Werden, Band I, Düsseldorf 1886
13. Wilhelm Flügge, Chronik der Stadt Werden Band II, Düsseldorf 1889
14. Graßt, Husmann, Marx; Des Schönen Ruhrtals Krümmung, Essen 2011
15. Susanne Grüneklee, Kultbuch Tee, Köln
16. Ludwig Henz, Der Ruhrstrom und seine Schiffahrtsverhältnisse, Essen 1840
17. Jacobs, Beiträge zur Geschichte des Stiftes Werden 1913, Werden 1913
18. Justus von Gruner, in Meine Wallfahrt zur Ruhe und Hoffnung oder Schilderung des sittlichen und bürgerlichen Zustandes Westphalens, Frankfurt 1803
19. Torsten Kaufmann, Zur Sozialgeschichte des Teetrinkens in Ostfriesland, Aurich 1989
20. Briefe aus den Jahren 1830 bis 1847 Felix Mendelssohn Bartholdy von Paul Mendelssohn Bartholdy, Leipzig 1875
21. Jürgen Meyer, Waddische Geschichten, Essen 1995
22. Landrichter Joseph Peter Müller, Über Stadt und Stift Werden Düsseldorf 1798
23. Thomas Nipperdey, Deutsche Geschichte 1800-1866, München, 1998
24. von Rappard ‚Journal über die Reise nach Essen und Werden 1804 in Beiträge zur Geschichte des Stiftes Werden, Hist. Verein Werden Nr.16, 1913
25. Olaf-Schmidt Rutsch, Kohlenschiffe auf der Ruhr, Essen 2000
26. Klaus Rosing, Essen in alten und neuen Reisebeschreibungen, Düsseldorf 1989
27. Heribert Sponheuer, Die Ruhrschiffahrt und Werden, Essen 1986
28. Günter Wiegelmann, Alltags- und Festspeisen in Europa, Münster 2006
29. G.A. Wüstenfeld, Die Ruhrschiffahrt, Wetter 1975
30. Wilhelm Wulff, Aus Werdens alter Zeit in Werdener Nachrichten am 22. Mai 1927
31. Essener Allgemeine Zeitung vom 19.01.1927
32. Essener Allgemeine Politische Nachrichten Nr. 58 vom 21. Juli 1833
33. Werdener Nachrichten vom 28. Januar 1966 und vom 29. September 1972
34. Ministerpräsident Wolfgang Clement 1999 anlässlich der 1200 Jahr Feier Werdens

Bildnachweis

ANHANG

Seite 6, 21, 78
Stadtarchiv Essen

Seiten 11, 12, 45, 66, 68, 85
Archiv Werdener Nachrichten, Essen

Seite 14
Engels, Reise nach Werden

Seite 16
Landschaftsverband Rheinland,
Institut für Landeskunde und
Regionalgeschichte, Bonn

Seite 23, 28, 44, 120
Wikipedia, gemeinfrei

Seite 25, 55
aus Jan Bart

Seite 34, 50, 69
Stadt Essen, Amt für Geoinformation

Seite 40
Charles Meynier,
Wikipedia gemeinfrei

Seite 50, 62
Ruhrmuseum Essen

Seite 51, 57
Landschaftsverband Westfalen,
Westfälisches Landesmuseum für
Industriekultur, Dortmund

Seite 60
Stadtarchiv Wesel K. 1008

Seite 75
Schloss Herrenhausen,
Wikipedia gemeinfrei

Seite 77
Heimatverein Werden

Seite 79
Folkwang Universität

Seite 83
Bildarchiv preußischer
Kulturbesitz -bpk-

Seite 85
Archiv Musebrink

Seite 86
Tränendes Herz by
Gaby Bessen, pixelio.de

Seite 92
by nature.picture, pixelio.de

Seite 95
Guter Heinrich Wilder Spinat,
pixelio.de

Seite 103
Malus Gestreifter Matapfel, pixelio.de
Splierobst Birnen by Thomas Max
Müller, pixelio.de

Seite 104
Mispel by Wolfgang Hartwig,
pixelio.de

alle anderen Abbildungen und
Fotografien: Peter Bankmann

Hinweis: Verlag und Autor haben sich
bemüht, alle Rechteinhaber ausfindig
zu machen. Sollte dies im Einzelfall
nicht gelungen sein, bittet der Verlag
um Nachricht.

Bezugsquellen für historisches Saatgut:

VERN .V.

Der Verein zur Erhaltung und Rekultivierung von Nutzpflanzen hat seinen Sitz in der Uckermark. Aus dem gut sortierten Katalog kann Saatgut für eigene, nicht gewerbliche Zwecke bestellt werden. Der Verein erhält 2000 alte Nutzenpflanzensorten und macht sie der Allgemeinheit zugänglich.

Spannend ist das Angebot an Färberpflanzen. Erst seit Mitte des 19. Jahrhunderts werden die Farbstoffe synthetisch hergestellt. Vorher machten Färberkrapp (rot) und Resede (gelb) die Welt ein bisschen bunter.

Aber auch der Altmärker Braunkohl, die Rote Gartenmelde, die Salatsorten Goldforelle und Rehzunge verdienen einen erneuten Auftritt in den Beeten des 21. Jahrhunderts.

Infos im Internet unter vern.de oder 033334/70232.

Dreschflegel e.V.

In Witzenhausen hat der Verein Dreschflegel seinen Sitz. Dieser Zusammenschluss gesellschafspolitisch aktiver Menschen mit ökologischem Interesse hat ebenfalls die Erhaltung der Nutzpflanzenvielfalt zum Ziel.

In einem gut aufgebauten Online-Shop ist das Bio-Saatgut erhältlich. 14 Biohöfe aus den verschiedenen Gegenden Deutschlands vermarkten dort das Saatgut. Ob Puffbohne, Osnabrücker Markt oder Rosenkohl Groninger – zu jeder Pflanze gibt es eine Menge Anbautipps.

Infos im Internet unter www.dreschflegel-saatgut.de

Fußnoten

1. Ida Dingerkus, Heimatstimmen aus dem Kreis Olpe, 1955

2. Als Ding (auch Thing, germanisch, altnordisch: Ting) wurden Volks- und Gerichtsversammlungen nach dem alten germanischen Recht bezeichnet. Der Ort oder Platz, an dem eine solche Versammlung abgehalten wurde, heißt Thingplatz oder Thingstätte und lag häufig etwas erhöht oder unter einem Baum (Gerichtslinde), jedoch immer unter freiem Himmel.

3. Ida Dingerkus, Heimatstimmen aus dem Kreis Olpe, 1955

4. ebenda

5. Flügge, Band I, Chronik der Stadt Werden, Seite 135 und Original im Stadtarchiv Essen

6. Stadtarchiv Essen, Akte Dingerkus

7. Aus Werdens alter Zeit, Wilhelm Wulff in Werdener Nachrichten am 22. Mai 1927

8. Werdener Nachrichten vom 28. Januar 1966

9. Werdener Nachrichten vom 29. September 1972

10. Jan Bart Werden und Helmstedt, Essen 1964, Seite 46 ff.

11. Flügge, Chronik der Stadt Werden Band II, 1889 S. 458

12. Flügge, ebenda

13. Zitat nach Ida Dingerkus aus „Über Stadt und Stift Werden" von J.P. Müller (Landrichter), Düsseldorf 1798

14. Flügge, ebenda

15. Bericht des Landrichter Müllers über seine Verhaftung, Flügge Band II, Seite 464 ff.

16. Flügge, Band II, Seite 467

17. Jan Bart, Die Alte Reichsabtei, Essen 1963, Seite 16

18. Flügge, Chronik der Stadt Werden, Essen 1886, Seite 43

19. Zitat nach Günter de Bruyn: Preußens Luise. Vom Entstehen und Vergehen einer Legende, Berlin 2001

20. Essener Allgemeine Zeitung vom 19.01.1927

21. Jan Bart, Aus reichsabteilichen Akten, Seite 76

22. Jan Bart, Kettwig wie es wuchs und wurde, Kettwig 1971 S.52

23. Jan Bart, Die Alte Reichsabtei, Seite 69

24. Graßt, Husmann, Marx; Des Schönen Ruhrtals Krümmung, Essen 2011, Seite 33

25. ebenda Seite 17

26. Ministerpräsident Wolfgang Clement 1999 anlässlich der 1200 Jahr Feier

27. Flügge, 1889. Band II Seite 480

28. Jacobs, , Beiträge zur Geschichte des Stiftes Werden 1913

29. Flügge, 1886, Band I Seite 136

30. Heinz Finger, Die Benediktiner Abtei Werden in Die Säkularisation im Ruhrgebiet, Mülheim, 2004 S. 157

31. Flügge 1886, Band.1 Seite 156

32. Flügge, Band I Seite 157

33. Flügge, Band I, Seite 159

34. Flügge, Band I, Seite 163

35. HSta Archiv Düsseldorf, Großherzogtum Berg, 6271 II

36. HSta Archiv Düsseldorf, Großherzogtum Berg, 6373 I

37. HSta Archiv Düsseldorf, Großherzogtum Berg, 6273 III

38. Ludger Fischer. Über den Denkmalwert sogenannter Zweckbauten, 1987, Annweiler, Seite 56

39. ebenda, Seite 65

40. Thomas Nipperdey, Deutsche Geschichte 1800-1866, München, 1998, Seite 1

41. Justus von Gruner, (1777-1820, war Staatsreformer und Diplomat) in „Meine Wallfahrt zur Ruhe und Hoffnung oder Schilderung des sittlichen und bürgerlichen Zustandes Westphalens, Fankfurt 1803"

42. Fam. Kopstadt stellte mehrere Bürgermeister in Essen, zuletzt der hier genannte Johann Conrad K.

43. Johannes Natorp Kirchenreformer des 19. Jahrhunderts stammt aus Essen, sein Enkel Gustav Natorp verfasst um 1880 die Reisebeschreibung „Ruhr und Lenne"

44. von Rappard, preußischer Kammerdirektor, Journal über die Reise nach Essen und Werden 1804 in Beiträge zur Geschichte des Stiftes Werden, Hist. Verein Werden Nr. 16, 1913

45. Engelbert Kleinhanz ist abteilicher Baumeister in Werden und Erbauer des Gartenhauses Dingerkus

46. Reise nach Werden, Duisburg 1813

47. Fürst Hermann von Pückler-Muskau (1785 - 1817) war Landschaftsarchitekt, Schriftsteller und Weltreisender, Zitat in Essen in alten und neuen Reisebeschreibungen, Klaus Rosing, Düsseldorf 1989

48. Felix Mendelssohn Bartholdy (1809 – 1847) war deutscher Komponist, Pianist und Organist und von 1833bis 1835 Generalmusikdirektor in Düsseldorf, zitiert aus „Briefe aus den Jahren 1830 bis 1847" von Paul Mendelssohn Bartholdy, Leipzig 1875

49. Kohlenschiffe auf der Ruhr, Olaf-Schmidt Rutsch, Essen 2000 S. 10

50. Waddische Geschichten, Jürgen Meyer, Essen 1995 Seite 47

51. Die Ruhrschiffahrt und Werden, Sponheuer, Essen 1986

52. Der Ruhrstrom und seine Schiffahrtsverhältnisse. Ludwig Henz, Essen 1840

53. Die Ruhrschiffahrt, Wüstenfeld, Wetter 1975

54. mundartlich - Kopüber den Bug gedreht

55. Friedrich Wilhelm Harkort (*1793 bis 1880), war ein deutscher Unternehmer und Politiker in der Frühzeit der industriellen Revolution.

56. Günter Elbin, An Rhein, Ruhr und Lippe, Düsseldorf 1992, Seite 209

57. Flügge, Chronik der Stadt Werden, Seite 344

58. s. auch Gerhard Hauptmann, Die Weber 1884

59. GGK, Grundstücksgesellschaft Kettwig 2010

60. eigentlich Anthony Ashley-Cooper, 3. Earl of Shaftesbury (1671-1713) war ein englischer Politiker, Moralphilosoph, Schriftsteller und Philanthrop der frühen Aufklärung

61. Shaftesbury 1711, zit. nach Buttlar 1998, 174

62. Wilhelm Wulff, Reihe in den Werdener Nachrichten 1927

63. Essener Allgemeine Politische Nachrichten Nr. 58 vom 21. Juli 1833

64. Akte Dingerkus, Stadtarchiv Essen

65. Günter Wiegelmann, Alltags- und Festspeisen in Europa, Münster 2006, Seiten 298-299

66. Zur Sozialgeschichte des Teetrinkens in Ostfriesland, Torsten Kaufmann, Aurich 1989 Seite 13

67. ebenda Seite 79

68. Susanne Grüneklee, Kultbuch Tee, Köln

69. ebenda

Freundeskreis

Der Freundeskreis setzt sich dafür ein, Gartenhaus und Garten zu erhalten und wieder neu zu entdecken. Einer der Schwerpunkte soll - neben der historischen Betrachtung - die Gartenkunst auch im Sinne der bürgerlichen Gartenkultur des 19. Jahrhunderts sein. Deshalb sind Stichworte wie Offener Garten, Sommerfrische, Ort für kreative Gespräche sowie Ruhe und Besinnung ausdrücklich erwünscht. Lesungen im sommerlichen Garten und Gitarrenklänge, aber auch kleine Ausstellungen sind denkbar. Garten- und Architekturgeschichte an einem besonderen Ort.

Wer den Verein und seine Aktivitäten unterstützen möchte kann dieses als Vereinsmitglied, Förderer oder Unterstützer durch ehrenamtliche Mitarbeit tun. Der Verein ist gemeinnützig anerkannt. Interessenten sind herzlich eingeladen mitzumachen. Nach der Gründung im Frühjahr 2010 sind es bereits 72 Mitglieder (Stand März 2013). Ein Zeichen dafür, dass die Idee angekommen ist, in der Abteistadt Werden.

Freundeskreis „Gartenhaus Dingerkus" e. V
c/o Peter Bankmann
Kimmeskampweg 11
45239 Essen
Telefon: 0201-403967
www.gartenhaus-dingerkus.de
info@ gartenhaus-dingerkus.de

Autoren

ANHANG

Peter Bankmann, geb. 1955 in Essen

Als Borbecker Junge ist er bekennender „Ruhri" und beschäftigt sich seit vielen Jahren mit historischen Themen zur Stadt Essen und der ehemaligen Stadt und Abtei Werden. Insbesondere die Beschreibung der Lebenssituation der Menschen liegt ihm am Herzen. Dazu gibt es bereits Veröffentlichungen und Vorträge. Er lebt in Werden an der Ruhr und ist Mitbegründer und 1. Vorsitzender des Freundeskreis Gartenhaus Dingerkus.

Heike Jütting, geb. 1961 in Emden

Die gebürtige Ostfriesin ist den Spuren des Heiligen Ludgerus gefolgt und wohnt seit 1996 in Essen-Fischlaken. In ihrer Freizeit schmökert sie gerne in Koch- und Backbüchern oder liest Krimis im Akkord. Falls sie nicht gerade ein Buch in der Hand hat, ist sie im eigenen oder im Dingerkus-Garten zu finden. Dort beschäftigt sie sich am liebsten mit der Weiterverwendung von Obst und Kräutern zu schmackhaften Mitbringseln. Heike Jütting gehört zu den Gründungsmitgliedern des Freundeskreises Gartenhaus Dingerkus.

Sabine Moseler-Worm

Sabine Moseler-Worm hat sich im Alter von elf Jahren bei der WAZ beworben - und eine freundlich formulierte Absage erhalten. Nach dem Studium der Sozialpdagogik dann ein erneuter und diesmal erfolgreicher Anlauf. Lokaljournalismus ist ihr Ding, Kettwig und Werden die Stadtteile, deren Geschichte und Geschichten ihren Arbeitsalltag spannend machen. In ihrem Garten gibt es eine Bienenweide, ein Insektenhotel - und unzählige alte Tomatensorten.

Hummelshain Verlag

188 Seiten. 13,80 €
ISBN 978-3-943322-01-9

Das geheimnisvolle Medaillon
Eine abenteuerliche Zeitreise durch Essen

Der elfjährige Christian gelangt auf seltsame Weise in den Besitz eines Medaillons, durch dessen Zauberkraft er ins alte Essen versetzt wird. Dort lernt er einen Jungen kennen, um den sich ein dunkles Geheimnis rankt. Erst wenn Christian - und später auch seine Cousine Jule - alle spannenden Abenteuer in der Essener Sagenwelt überstanden haben, können sie das Geheimnis um den Jungen Johannes lösen. Ganz nebenbei erfahren sie eine Menge über die Stadt Essen.

Von Claudia Schützdeller-Cloidt
Illustrationen: Ute Tasch

232 Seiten. 19,80 €
ISBN 978-3-943322-00-2

Des schönen Ruhrtals Krümmung

Friedrich Adolph Krummacher war ein evangelischer Theologe und zugleich ein Bestsellerautor der Goethezeit. Eine Vielzahl von außerordentlichen Dokumenten ermöglicht es, ein ganz nahes und lebendiges Bild von ihm zu gewinnen und mittels seiner Bekanntschaft in eine Zeit einzutauchen, in der uns vieles überraschend nah und zugänglich erscheint. Das Buch konzentriert sich dabei auf Krummachers Kettwiger Jahre von 1807 bis 1812, die eine historische Ausnahmesituation, die „Franzosenzeit" unter Napoleon, darstellten. Wie erlebt der Dichter, Pfarrer, Freund und Familienvater diese Zeit? In seinen Werken, noch mehr aber in seinen zahlreichen Briefen und zeitgenössischen Urteilen, zeigt sich ein ausgesprochen liebenswerter, humorvoller und geistreicher Mensch. Seinen vielfältigen Spuren und damit der Lebensart von vor 200 Jahren nachzugehen, macht Zeit- und Kulturgeschichte auf faszinierende Weise erfahrbar. Mit zahlreichen Abbildungen, Originaltexten und Noten.

Von Christiane Graßt, Julia Husmann und Peter Marx

Erhältlich im Buchhandel und
direkt beim Hummelshain Verlag,
Werdener Str. 28, 45219 Essen

Tel. 02054-938540
info@himmelshain.eu
www.hummelshain.eu

www.ingramcontent.com/pod-product-compliance
Lightning Source LLC
Chambersburg PA
CBHW081939170426
43202CB00018B/2949